Sexta Bienal de Arquitectura de la Ciudad de México
Mexico City's Sixth Architecture Biennial

Primera edición / *first edition* 2024
ISBN: 978-607-8880-40-9

© CAM SAM
Av Constituyentes 800
Lomas Altas, Miguel Hidalgo,
Ciudad de México, 11950

Presidente del Colegio de Arquitectos de la Ciudad de México
President of the Colegio de Arquitectos de la Ciudad de México
Rodolfo Sánchez Zaragoza

Coordinadora del Comité del Mérito Profesional CAM SAM
CAM SAM Professional Merit Committee Coordinator
Elodia Gómez Maqueo Rojas

Sexta Bienal de Arquitectura de la Ciudad de México
Mexico City's Sixth Architecture Biennial

Jurado Calificador de Proyectos
Projects' Jury
Alejandro Cabeza Pérez (Presidente)
David Martínez
Eduardo Navarro Guerrero
Elodia Gómez Maqueo Rojas
Enrique Xavier De Anda Alanís (Vocal)
Fernando Arturo Giovanini García (Vicepresidente)
Fernando Islas Ramírez
Francisco Pardo
Iván San Martín Córdova
Joaquín Sánchez Hidalgo y Anda
Juan Manuel Romo Blanco
Luis Fernández de Ortega Bárcenas (Vocal)
Manuel Medina Ortíz

Jurado Calificador de Publicaciones
Publications' Jury
Elodia Gómez Maqueo Rojas (Vocal)
Iván San Martín Córdova (Presidente)
Miquel Adriá (Vicepresidente)

Consultor editorial CAM
CAM Editorial Consultant
Joaquín Álvarez Ordóñez

Comité editorial CAM
CAM Editorial Committee
Adriana María Valdés Krieg
Karla Gómez Gutiérrez
Marcos Mazari Hiriart

Apoyo Editorial CAM SAM
CAM SAM Editorial assistance
Carlos C. Hernández
Dinorah Franco Flores
Jesús Mancilla
Juan Antonio Sadek Kuri
Plutarco Javier Barreiro Güemes

© Arquine, S.A. de C.V.
Ámsterdam 163 A
Hipódromo, Cuauhtémoc,
Ciudad de México, 06100

Textos y fotografías
Texts and photographs
© Autores indicados en cada proyecto
© Authors listed on each project

Dirección general
Director
Miquel Adrià

Dirección editorial
Editorial Director
Brenda Soto Suárez

Coordinación editorial
Editorial Coordinator
Fátima Cabrera

Diseño Design
Estudio la fe ciega
Domingo Martinez
Yolanda Garibay

Apoyo editorial
Editorial assistance
archdifusión
Virginie Velasco
Juan Carlos Rivera
Luis Ángel Calderón
Magdalena Picazzo

Corrección de estilo
Copy Editing
Gwennhael Huesca Reyes

Traducción Translation
Quentin Pope

Preprensa Prepress
A. Andrés Monroy

Sexta Bienal de Arquitectura de la Ciudad de México

Mexico City's Sixth Architecture Biennial

CAM SAM

Índice | Contents

Es un honor presentar este libro de la Sexta Bienal de Arquitectura de la Ciudad de México, un evento que celebramos cada dos años con el objetivo de promocionar y reconocer la excelencia y talento de nuestros agremiados al Colegio de Arquitectos de la Ciudad de México. Esta edición es especial, ya que por primera vez hemos decidido incluir a todos los participantes de la Bienal, reconociendo su trabajo y destacando su integración con nuestro gremio.

La inclusión de todos los participantes en este libro no solo celebra la diversidad y creatividad de nuestros arquitectos, sino que también subraya la importancia de pertenecer al Colegio de Arquitectos. Ser parte de esta comunidad brinda a nuestros agremiados un foro donde pueden ser escuchados, compartir sus conocimientos y experiencias, y contribuir al enriquecimiento del diálogo arquitectónico.

La Bienal de Arquitectura de la Ciudad de México ofrece una plataforma invaluable para que nuestros arquitectos muestren su trabajo a una audiencia amplia y diversa. Este público incluye no solo a profesionales de la industria y académicos, sino también al público en general, lo que permite una difusión más amplia de las ideas y proyectos presentados. Además, la Bienal facilita el establecimiento de contactos entre profesionales, abriendo puertas para futuras colaboraciones y el intercambio de ideas innovadoras.

Agradecemos a todos los jurados y a los arquitectos que han participado en esta Sexta Bienal y han compartido sus proyectos con nosotros. Su dedicación y creatividad no solo enriquece a nuestra comunidad, sino que también impulsa el avance de la arquitectura en México y más allá. Esperamos que este libro sirva como una fuente de inspiración y un testimonio del talento y la pasión que caracteriza a nuestros agremiados.

Arq. Rodolfo Sánchez Zaragoza
Presidente de los Consejos Directivos del CAM SAM
2023 - 2025

It is an honor to present this book on Mexico City's Sixth Architecture Biennial, an event that promotes and recognizes the excellence and talent of the members of the Colegio de Arquitectos de la Ciudad de México (also known as CAM SAM, the official architects' association in Mexico City, and part of the FCARM, the national architects guild organization). This publication is special because for the first time we have included all participants in order to celebrate the diversity and creativity of our architects' work and to emphasize their participation in the organization. Membership of this community provides a forum for listening to ideas, sharing knowledge and experiences, and enhancing dialogue about architecture, and therefore appreciating architectural work.

Mexico City's Architecture Biennial provides an invaluable platform for our architects to showcase their work to a wide and diverse audience—not only including professionals from the worlds of industry and academia, but also the general public—expanding the reach of their ideas and projects. The Biennial also helps create a network of professionals, opening doors to future collaborations and the exchange of innovative ideas.

We are grateful to the jury members and architects who took part in Mexico City's Sixth Architecture Biennial and shared their work with us. Their dedication and creativity not only strengthens our community but also helps the progress of architecture in Mexico and beyond. We hope that this book may be a source of inspiration and a testament to the talent and passion that defines our members.

Arch. Rodolfo Sánchez Zaragoza
Chairman of the Board of Directors of CAM SAM
2023–2025

Criterios de evaluación | Evaluation criteria

El objetivo de la Bienal de Arquitectura de la Ciudad de México es identificar las mejores obras de los arquitectos de la Zona Metropolitana ejecutadas durante los dos años anteriores a la convocatoria. Se busca reconocer a sus autores y difundir las obras más relevantes para favorecer el análisis, la crítica y la reflexión acerca de la arquitectura contemporánea. Cada dos años son bienvenidos a participar todos los arquitectos mexicanos con título y cédula profesional que ejercen en la Ciudad de México, de manera individual o en grupo. De acuerdo con las bases de la Sexta Bienal, se recibieron obras construidas, trabajos de investigación o publicaciones terminadas durante el periodo comprendido de junio de 2021 a mayo de 2023. Las categorías abiertas para esta edición fueron:

- A. Vivienda unifamiliar
- B. Vivienda multifamiliar
- C. Vivienda de interés social y producción social asistida
- D. Salud
- E. Educación
- F. Cultura
- G. Museografía
- H. Industria
- I. Recreación, servicios, deporte
- J. Turismo
- K. Comercio, abasto y servicios de transporte
- L. Oficinas
- M. Talleres, despachos y estudios
- N. Diseño urbano y recuperación de espacios públicos
- O. Arquitectura de paisaje
- P. Restauración
- Q. Remodelación o reconversión de edificios
- R. Remodelación o reconversión de casas
- S. Innovación tecnológica
- T. Diseño de interiores e integración plástica
- U. Publicaciones:
    - U.1. Monografías
    - U.2. Ensayos
    - U.3. Material didáctico
    - U.4. Restauración
    - U.5. Memorias / compilaciones
    - U.6. Proyectos terminales
    - U.7. Tesis de licenciatura, maestría y doctorado
    - U.8. Publicaciones periódicas / investigaciones

Mexico City's Architecture Biennial seeks to identify the best works by architects in the metropolitan area completed during the two years preceding the competition.
The aim is to give recognition to the architects responsible and to promote the most important projects in order to stimulate analysis, critique, and ideas about contemporary architecture.
Every two years, all qualified Mexican architects practicing in Mexico City are invited to participate, either individually or as part of a group.
The rules of the Sixth Biennial allow for built works, research projects, or publications completed between June 2021 and May 2023. This edition's categories were:

A. Single-family housing
B. Multi-family housing
C. Low-income and social housing
D. Healthcare
E. Education
F. Culture
G. Exhibition design
H. Industry
I. Recreation, services, sports
J. Tourism
K. Retail, supplies, transport services
L. Offices
M. Workshops, firms, and studios
N. Urban design and recovery of public spaces
O. Landscape architecture
P. Restoration
Q. Building remodeling or conversions
R. House remodeling or conversions
S. Technological innovation
T. Interior design and integration of visual arts
U. Publications:
  U.1. Monographs
  U.2. Essays
  U.3. Teaching materials
  U.4. Restoration
  U.5. Memoirs / compilations
  U.6. End-of-course projects
  U.7. Undergraduate, master's and PhD theses
  U.8. Journal publications / research

Los miembros del Jurado Calificador para las primeras 20 categorías fueron: maestro Alejandro Cabeza Pérez, arquitecto David Martínez, arquitecto Eduardo Navarro Guerrero, maestra Elodia Gómez Maqueo, doctor Enrique Xavier De Anda Alanís, maestro en humanidades y arquitecto Fernando Arturo Giovanini García, maestro Fernando Islas Ramírez, arquitecto Francisco Pardo, arquitecto Luis Fernández de Ortega Bárcenas, arquitecto Manuel Medina Ortiz, doctor Iván San Martin Córdova, arquitecto Joaquín Sánchez Hidalgo y Anda y arquitecto Juan Manuel Romo Blanco.

Se designó como presidente a Alejandro Cabeza Pérez; como vicepresidente, a Fernando Arturo Giovanini García, y como vocales, a Enrique Xavier De Anda Alanís y Luis Fernández de Ortega Bárcenas.

Para la categoría Publicaciones y sus subdivisiones, el Jurado Calificador fue constituido por el arquitecto Iván San Martín Córdova, el arquitecto Miquel Adrià y la maestra Elodia Gómez Maqueo, designados como presidente, vicepresidente y vocal, respectivamente.

Se declararon desiertas las siguientes categorías: Vivienda multifamiliar, Salud, Museografía, Industria, Talleres, despachos, estudios, Remodelación o reconversión de casas, e Innovación tecnológica.

Los criterios de evaluación de esta edición fueron los siguientes:

Mención Honorífica: otorgada a las obras con una gestión distintiva sobre la forma y el espacio habitables, que constituye una calidad de vida traducida en confort individual y colectivo por medio de su materialidad, funcionalidad y compatibilidad ambiental.

Medalla de Plata: constituye un reconocimiento a las obras de gran calidad, basada en su integración contextual, aspectos funcionales, utilización de materiales y composición, así como su contribución a la solución de problemas sociales, y en algunos casos, a su innovación tecnológica.

Medalla de Oro: se partió de las cualidades valoradas en los proyectos reconocidos con mención honorífica y Medalla de Plata, con la intención de reconocer la obra sobresaliente por su excelencia en todos los criterios mencionados.

Participante en la categoría Oficinas, el Jardín Anatole superó las expectativas del jurado como una obra arquitectónica que logra una integración contextual interior y exterior expresada en la permeabilidad visual y espacial. La propuesta estructural —envolvente ligera y transparente— establece una simbiosis con su materialidad renovable en madera, que se revalora como material estructural. Es una obra innovadora y ejemplo de una arquitectura del siglo XXI.

The jury members for the first 20 categories were: Alejandro Cabeza Pérez (architect), David Martínez (architect), Eduardo Navarro Guerrero (architect), Elodia Gómez Maqueo (MA), Enrique Xavier De Anda Alanís (PhD), Fernando Arturo Giovanini García (MA in humanities, architect), Fernando Islas Ramírez (MA), Francisco Pardo (architect), Luis Fernández de Ortega Bárcenas (architect), Manuel Medina Ortiz (architect), Iván San Martin Córdova (PhD), Joaquín Sánchez Hidalgo y Anda (architect), and Juan Manuel Romo Blanco (architect).
Alejandro Cabeza Pérez was appointed as the jury's president; Fernando Arturo Giovanini García as its vice-president; and Enrique Xavier De Anda Alanís and Luis Fernández de Ortega Bárcenas as its speaking members.
For the category of Publications (and its subdivisions), the jury members were Iván San Martín Córdova (architect) as president, Miquel Adrià (architect) as vice president, and Elodia Gómez Maqueo (MA) as speaking member.
The following categories were declared vacant: Multi-family housing, Healthcare, Exhibition design, Industry, Workshops, firms, and studios, House remodeling or conversions, and Technological innovation.
For this year's competition, the following judging criteria applied:

Honorable Mention: works taking a distinctive approach to useful shape and space, and which, through their materials, functionality, and environmental performance, create a quality of life translated into individual and collective comfort.

Silver Medal: works of a high quality for their integration into their context, functional characteristics, use of materials, and composition, in addition to their contribution to solving social problems, and in some cases, their technological innovation.

Gold Medal: Judged on the same criteria as the Honorable Mention and Silver Medal projects, this award acknowledges exceptional work in the above areas.

Anatole Garden, entered in the "Office" category, exceeded the jury's expectations as a work of architecture with an interior and exterior that successfully blends in with a context, expressed in visual and spatial permeability. The light and transparent structure creates a symbiosis with its use of renewable wood, reassessed as a structural material. This innovative project is an example of 21st-century architecture.

Proyectos Projects

El Jardín Anatole

Dellekamp Arquitectos + Jachen Schleich

ORO GOLD

Categoría Category: **Oficinas** Offices

Autores Authors:
Derek Dellekamp,
Jachen Duri Schleich
Equipo de diseño Design team:
Francisco E. Franco, Marco Antonio Jaime, Miguel Vives
Obra civil Civil building:
Cimera, Héctor Anselmo, B+I. Arq&Design, José Luis Bonilla Resendiz, Mayra Susana Monroy Hernández
Ingeniería estructural Structural Engineering:
Oscar Trejo, Sergio López
Paisaje Landscape:
Hugo Sánchez Paisaje, Dealer de Plantas
Ubicación Location:
Ciudad de México
Año Year: 2022
Fotografía Photography:
Rafael Gamo

El Jardín Anatole surge de un vacío residual con potencial de densidad en la Ciudad de México: el patio de una casa con valor histórico se convirtió en un edificio de usos mixtos. Debido a la plusvalía de la zona, pocos inmuebles cuentan con áreas libres para construcción. Una de las premisas del diseño fue difuminar los límites entre lo público y lo privado al crear un espacio público de conexión con la ciudad.

Como resultado de la investigación continua para encontrar materiales y sistemas constructivos alternativos y de bajo impacto, la madera surgió como elemento principal para construir El Jardín Anatole. La expresión arquitectónica del primer inmueble de madera en México se basa en el sistema estructural de una caja sostenida por una única columna de acero en V, que flota sobre una plaza pública llena de vegetación endémica.

El programa responde a la condición del lugar con un local comercial en planta baja, que libera la estructura para componer un espacio continuo con la plaza. Se desarrollaron tres niveles de oficinas regidos por la modulación de la madera estructural para generar ambientes flexibles, libres de columnas intermedias.

El uso de pocos materiales, la orientación y la eficiencia estructural permitieron crear un edificio que resalta por su simplicidad y se convierte en un oasis en medio de la urbe.

Anatole Garden is located in a lot in Polanco, Mexico City, that was unused but had potential for a high-density development. Vacant lots are a rarity in this sought-after district; this open space was the courtyard of an historical house that has been transformed into a mixed-use building. One of the design aims was to create a public area connected to the city, blurring the boundaries between public and private space.

After extensive research on alternative, low-impact materials and structural systems, wood proved to be the best solution as the primary resource for Anatole Garden, the first building made entirely of a wooden structure in the nation's capital. The structural system consists of a wooden box, which floats over a public square filled with plants endemic to the region, resting on top of a single V-shaped steel column in the center of the ground floor.

The program responds to the local context with a ground-floor commercial space, freed from the structure and connecting seamlessly to the plaza. The program includes three floors of office space, which are defined by the modular structure of the wooden frame, resulting in an open-concept design uninterrupted by columns.

The building stands out for its simplicity and limited palette of materials, as well as its efficient layout and structure, creating an oasis in the center of the city.

Andreu World

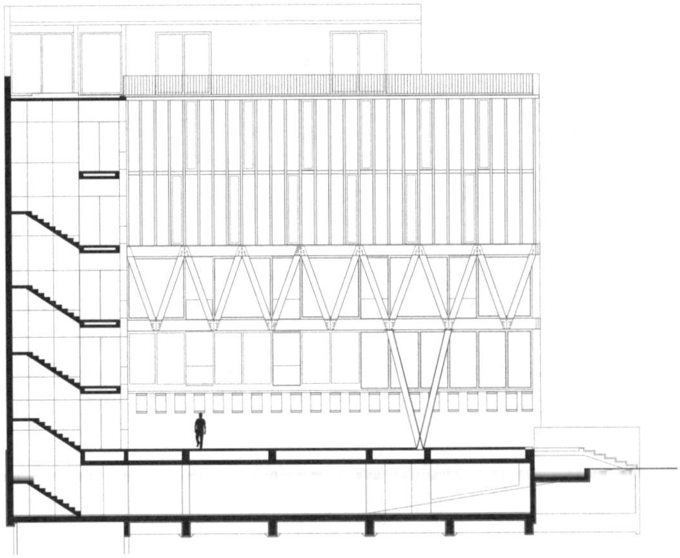

Sección Section

Planta nivel 1 Level 1 floor plan

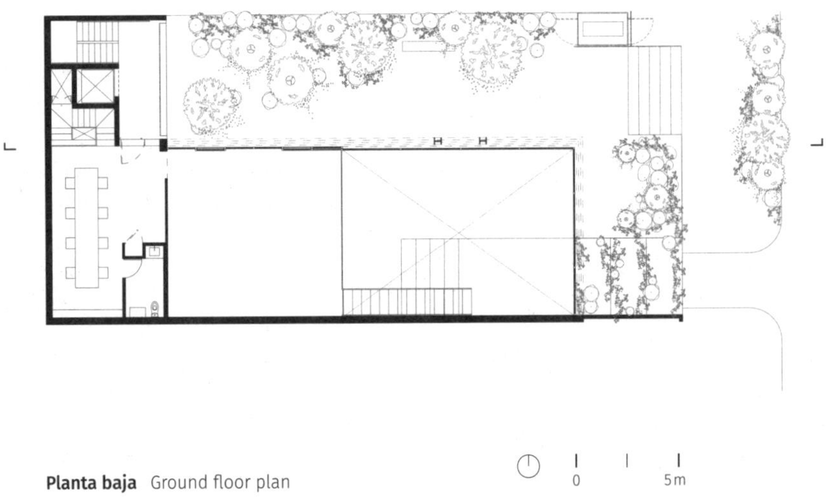

Planta baja Ground floor plan

Miquel Adrià (MA): ¿Cómo surge el proyecto? No es el típico caso de Polanco, de un lote entre colindancias.

Derek Dellekamp (DD): Es un lote interesante porque era una de estas casas de lujo que tenía dos terrenos: uno para la casa y otro para jardín. Algunos años después de comprarlo, el cliente decidió construir en el segundo.

Aunque no intervinimos la vivienda, esta conexión definió el área libre como una calle interior que se relaciona con la casa. El programa es de usos mixtos comerciales, con 30% de área libre que no queríamos privatizar, sino integrar a la calle. Esta franja entre el nuevo edificio y la casa se convirtió en un jardín sin restricciones. No se cierra durante el día ni durante la noche, se puede acceder en cualquier momento, hay sitios para sentarse. El enfoque fue hacer que funcionara como un espacio público.

MA: Eso es una gran aportación a la ciudad más allá del proyecto, porque estás proporcionando un espacio para estar en el que te puedes quedar un buen rato.

DD: Sí, nos interesaba que el jardín se convirtiese en la imagen del proyecto. Más adelante se decidió que se llamara Jardín Anatole, para acentuar el jardín antes que el edificio.

En la oficina solemos enfrentar los proyectos de manera muy pragmática. Ésta fue una oportunidad para experimentar porque el cliente nos pidió algo que se distinguiera del resto de los edificios. Decidimos guiar esta investigación formal con base en la estructura, completamente basada en las cualidades estructurales de la madera. Cuando decidimos experimentar con este recurso renovable surgió la definición formal de todo el objeto —la atmósfera, los interiores—, porque toda la madera es estructural. Descubrimos muy pronto que este material tiene ventajas en cuanto a sismos. Se requiere de secciones mucho más esbeltas que si trabajaras con concreto, incluso con acero.

MA: Entiendo la exploración y el interés por la madera, pero también hay todo un ejercicio formal en cuanto a la estructura misma, es decir, podría haber sido de madera con columnas verticales. Otro aspecto relevante es que la madera es aparente. Muchas veces, las estructuras de madera acaban revestidas, sobre todo en lugares que tienen problemas importantes con el coeficiente térmico. En cambio, ustedes la dejaron a la vista, lo cual la hace muy atractiva.

DD: Aparente, sí. No es la solución más sencilla o la más lógica. Aquí sí hay una exploración formal guiada por la estructura y sus posibilidades.

MA: También las alturas. En varios proyectos tuyos, tratas de dar toda la espacialidad posible, pero aquí se siente especialmente generosa, llevada al límite, ¿no?

DD: Es que es un polígono de actuación. Hay proyectos que se llevan ocho, diez años, éste es uno de ellos, y la razón fue justamente el polígono. El sitio lo permitía y se suponía que se resolvería en un año, pero no, pasaron seis o siete años. Eso también fue interesante para la oficina: es un proyecto que se diseñó y luego se pausó en lo que se resolvían todos los trámites.

MA: ¿Qué significa para ti que un edificio así haya sido reconocido con la Medalla de Oro?

DD: Entiendo que el reconocimiento tiene mucho que ver con el uso de este material, que en México aún es inusual. Me encantaría pensar que esto contribuirá de alguna manera a que la industria de la madera para la construcción siga creciendo. A lo mejor en países nórdicos o en Japón, donde hay una tradición de siglos de construcción en madera, hubiera sido un proceso completamente distinto. Acá tuvimos que inventar y probar por primera vez muchas cosas. Me gusta pensar que con el paso del tiempo la industria de la madera se consolidará y se podrán hacer más proyectos.

Miquel Adrià (MA): How did this project come about? You don't usually find a vacant lot in between two properties.

Derek Dellekamp (DD): It's an interesting site because it was one of those luxury homes with two lots: one for the house and one for the garden. A few years after the purchase, the client decided to build on the second lot.

Although we did not intervene on the house at all, this connection defined the open area as an interior route related to the residence. It's a mixed-use commercial program, with 30 percent open space that we wanted to make part of the street rather than a private space. This strip between the new building and the home became a public garden. It's not closed either during the day or at night, but is open at all times. People can find places to sit. The idea was that it should function as a public space.

MA: That's a great contribution to the city, beyond the project itself, because you're providing a living space for people to spend a decent amount of time in.

DD: That's right, we wanted the garden to become the image of the project. Later we decided to call it Jardín Anatole, to draw more attention to the garden than to the building.

Our studio tends to take a pragmatic approach to projects. This one gave us the opportunity to experiment, because the client asked us to do something that would stand out from the other buildings. We decided to use the structure, which is based entirely on the structural qualities of wood, as the focus of our formal research process. Our decision to experiment with this renewable resource led to the formal definition of the entire object—environment, interiors—because all the wood is structural. We quickly discovered that this material has advantages when it comes to seismic movement. You can have much thinner sections than with concrete or even steel.

MA: I understand the exploration and interest in wood, but there's also a whole formal exercise in terms of the structure itself. In other words, it could have been made of wood with vertical columns. It's also striking that the wood was left exposed. Wooden structures often have cladding, especially in places with major problems with the temperature coefficient. But instead you left the wood exposed, which makes it very attractive.

DD: Exposed, yes. It's not the simplest or most logical solution. There is a formal exploration here, informed by the structure and its possibilities.

MA: Also the heights. In many of your projects you try to create as much space as possible, but here it feels particularly generous, pushed to the limit. Do you agree?

DD: It's a development action area. Some projects take eight, ten years. This is one of them, and that's precisely because it's one of those areas. The site made it possible and it was supposed to be completed in a year, but instead it took six or seven years. That was also interesting for the studio: it's a project that was designed and then put on hold while all the paperwork was done.

MA: What does it mean to you that such a building was awarded the Gold Medal?

DD: I think that the award has a lot to do with the use of a material that is seldom used structurally in Mexico. I'd love to think that this will help give a boost for the timber construction industry. Perhaps in Nordic countries or Japan, with centuries' long traditions of using wood for constructions, it would have been a completely different process. Here we had to invent and try out many things for the first time. I like to think that, over the years, the timber industry will become more established and more projects will be possible.

Centro Cultural Aduana San Blas

Colectivo C733

PLATA SILVER

Categoría Category: **Remodelación o reconversión de edificios**
Building remodeling or conversions

Autores Authors:
Gabriela Carrillo,
Eric Valdez, Israel Espín,
José Amozurrutia,
Carlos Facio
Equipo de diseño Design team:
Sofía Pavón, Roberto Rosales,
Abraham Espíndola, Marco
Polo Ávila, LABG-GIEE, Enrique
Zenón, Luz en Arquitectura
Paisaje Landscape:
Taller de Paisaje Hugo Sánchez
Ubicación Location:
San Blas, Nayarit
Año Year: 2023
Fotografía Photography:
Rafael Gamo

En 1768 se estableció el puerto de San Blas, en Nueva Galicia, México, con el propósito de proteger las costas del Pacífico y recibir mercancía asiática. Hasta hace unos años, el edificio de la antigua aduana conservaba su primer nivel y una crujía que se utilizaba como zona de exhibición, además de pequeños talleres y restos de la estructura original hecha de tabique artesanal.

El objetivo principal de la intervención fue recuperar la construcción histórica y proponer un museo, un área expositiva y espacios para talleres para el desarrollo cultural de la comunidad. Se consolidaron los vestigios de tabique para preservar la memoria del tiempo y se creó una estructura contemporánea con elementos de tabique local que define plazas y recintos educativos.

En el corazón de los patios habita un puente de carácter industrial, una pieza-mirador y deambulatorio vertical que permite al visitante llegar a la azotea y los talleres. Además, hay un foro al aire libre con forma de *sikuli*, una figura huichol que representa la composición del universo y su conexión con el ser humano y la naturaleza.

La configuración de cuatro planos de barro hizo posible una relación entre la estructura existente y la nueva. El edificio busca desdoblar las actividades en un segundo nivel con otras oportunidades de viento, vistas y luz, que convierten las mismas azoteas en palcos.

In 1768, the port of San Blas was built in New Galicia to defend the Pacific coast and receive goods from Asia. Until only a few years ago, the first floor of the old San Blas customs building was still intact and the old bay was being used as an exhibition space. Similarly, a number of small workshops and sections of the historic structure—made of handcrafted adobe brick—still remained.

The main objective of the architectural project was to restore the historical building and to create a museum, exhibition space, and workshop areas as a community cultural center. The ruins were reinforced to preserve the old structure and a modern section was constructed with materials made from locally produced adobe brick to form the courtyards and workshops.

The center of the complex features an industrial-style bridge, a viewing platform, and walkway that leads up to the rooftop and workshops. There is also an open-air forum shaped like a *sikuli*—a Huichol structure which represents the structure of the universe and its connection to man and nature.

The four layers of brickwork succeed in integrating the new structure with the original one. This center seeks to bring cultural activities to another level, by benefitting from the views, natural sunlight, and wind. The rooftops can also be converted into a balcony seating area for cultural events.

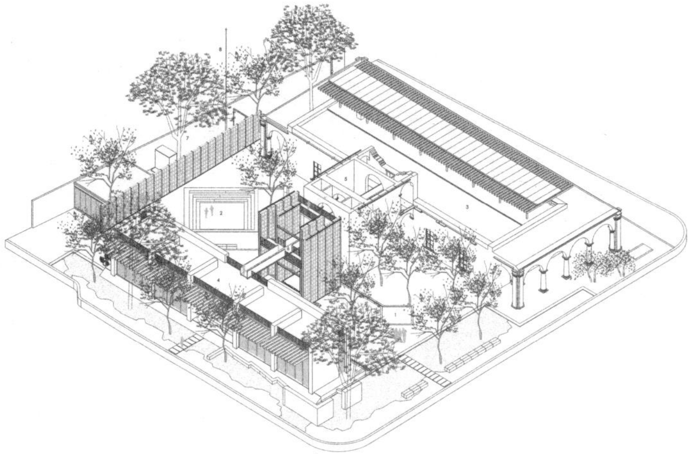

Axonométrico Axonometric

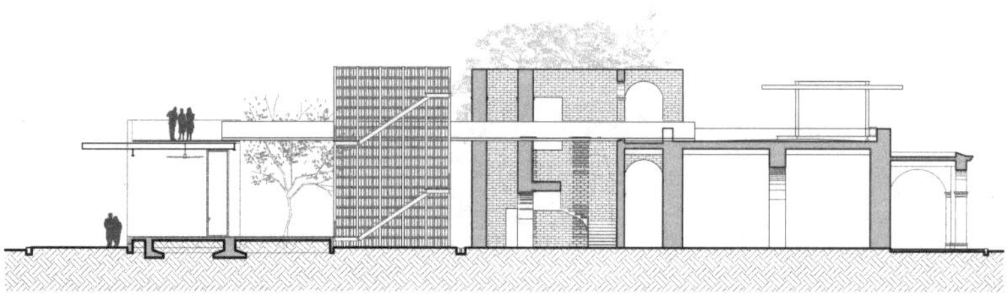

Sección Section

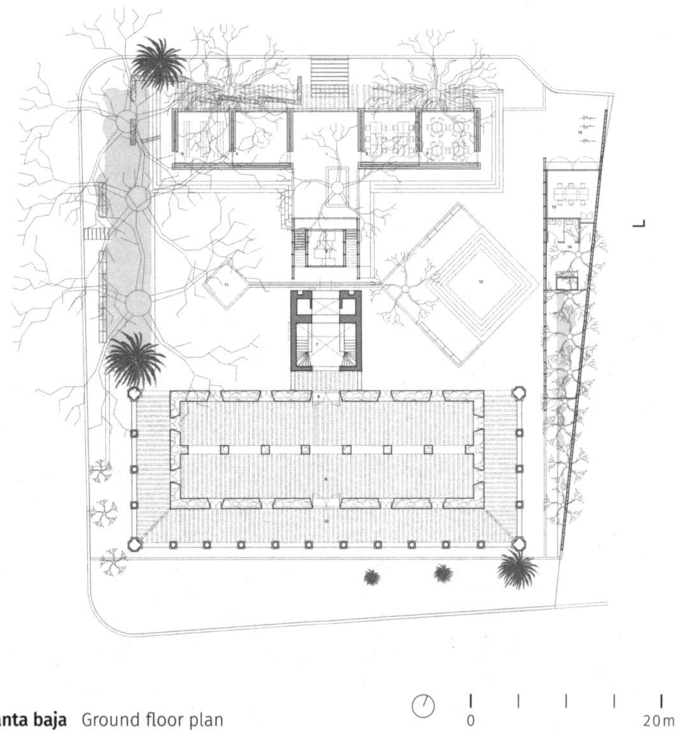

Planta baja Ground floor plan

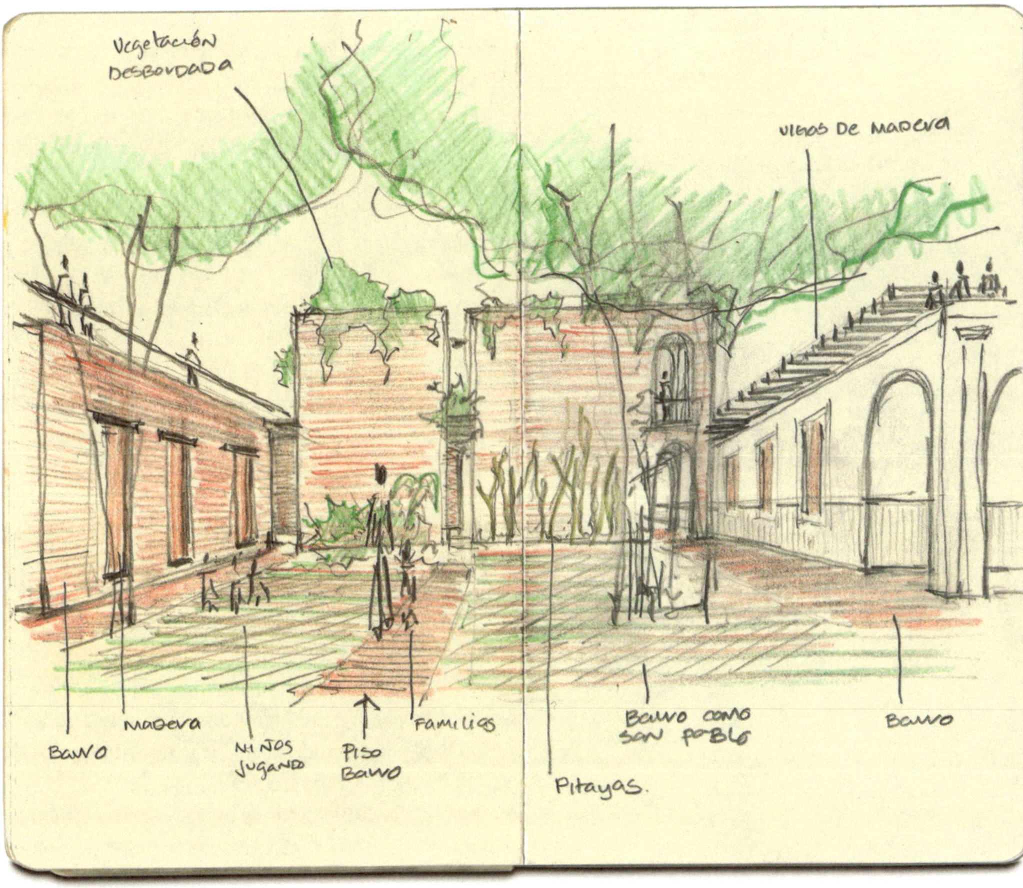
Vegetación
DESBORDADA
VIGAS DE MADERA
BARRO
MADERA
NIÑOS
JUGANDO
PISO
BARRO
FAMILIAS
BARRO COMO
SAN PABLO
BARRO
Pitayas.

Centro Cultural Quinta Montes Molina

MATERIA

PLATA SILVER

Categoría **Category:** Cultura **Culture**

Autores Authors:
Gustavo Carmona
Equipo de diseño Design team:
Karla Uribe, Gustavo Xoxotla, Luis Felipe Márquez, Mathías Henry, Raybel Cueva, Yaatzil Ceballos, Sandra Ciro, Teresa Berumen, Edgar Dzul, Magaly Morales, Miguel Ramírez, María Castelazo
Ubicación Location:
Mérida, Yucatán
Año Year: 2022
Fotografía Photography:
Jaime Navarro

El proyecto se encuentra dentro de la Quinta Montes Molina, construcción icónica del Paseo Montejo, que data de 1906. Tras convertirse en casa museo, rápidamente fue adoptada como un punto de referencia en la ciudad. Dado el potencial de Mérida como sitio de cultura y turismo, en el 2015 se dio una oportunidad para capitalizar el legado de la Quinta Montes Molina con un plan maestro.

Se plantearon espacios porticados entrelazados, cuyo lenguaje arquitectónico se expresa mediante su estructura y su ensamble tectónico para crear superficies que reciben la danza de la proyección de luz y sombra.

La ampliación mezcla varios usos en un mismo recinto: un restaurante de autor, una cafetería, una librería, galerías y un jardín escultórico. La galería es la transición entre el jardín y la plaza en el centro del conjunto. Enterrar este espacio permitió conservar la identidad del jardín, las zonas abiertas alrededor de la casa y el pabellón, al mismo tiempo que le brinda iluminación natural al interior.

La construcción original y la franja de árboles preexistentes separan el pabellón de la ampliación más reciente y fungen como puente entre el bullicio de la avenida y la intimidad dentro del Centro Cultural. Esto refuerza la intención del proyecto de no ser un objeto aislado, sino una serie de ambientes articulados que se funden con el contexto.

This cultural center is set in the grounds of Quinta Montes Molina, a historic construction built on Paseo Montejo in 1906. After its conversion into a house-museum, the building quickly became a symbol of Mérida. Building on this city's status as a cultural hub, a masterplan for cultural events was designed in 2015 to build on the legacy of the Quinta Montes Molina.

The plan included a series of spaces lined with intertwined arcades, whose architectural language is expressed through the tectonic structure, creating surfaces that highlight the interplay of light and shadow.

The expansion provides a variety of uses within a single space, including a gourmet restaurant, cafeteria, bookstore, art gallery, and sculpture garden. The art gallery serves as a transition between the garden and plaza at heart of the complex. This space is sunk below ground level to preserve the prominence of the gardens and the open space around the house and pavilion, while also providing natural light to illuminate the interior.

The original construction and the strip of pre-existing trees separate the pavilion from this new extension and serve as a bridge between the bustling main avenue and the tranquility within this sanctum. This scheme reinforces the project's goal of providing not just a single isolated space but rather a series of interconnected areas merging with the overall setting.

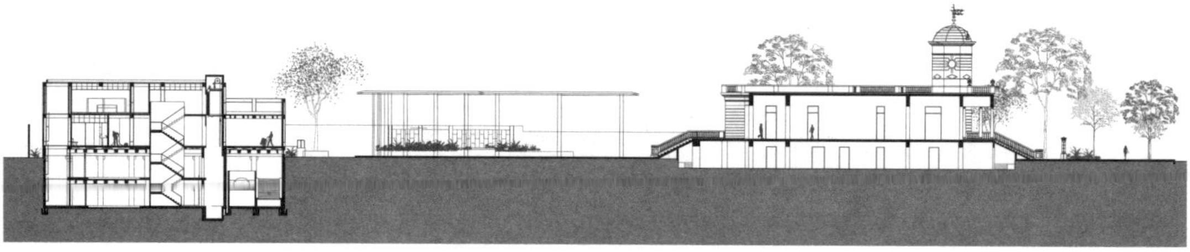

Sección Section

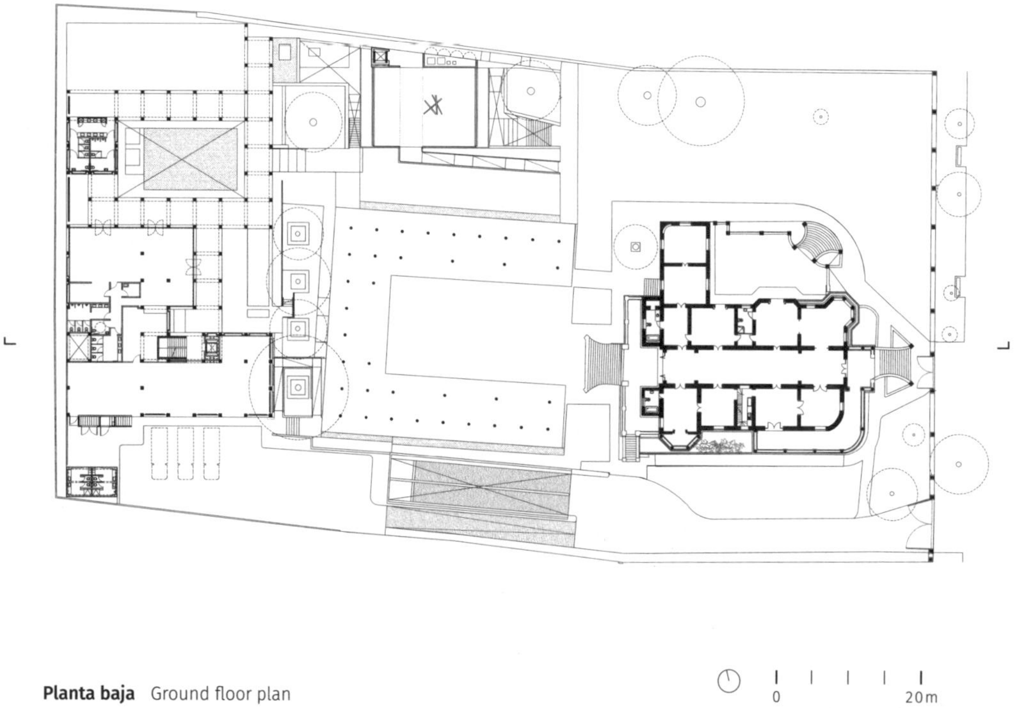

Planta baja Ground floor plan

CAFÉ

Centro Cultural La Carmela

Ágora - Diseño y Planeación Urbana

PLATA SILVER

Categoría Category: **Restauración** Restoration

Autores Authors:
Ana Isabel Ruiz Remolina,
Sergio Soto Cisneros,
Jimena González-Sicilia Ibarrola
Equipo de diseño Design team:
Daniela Mendoza, Gema Goiri,
Jimena Robles, Lorena García,
Alexa Pacheco
Restauración Restoration:
Raúl Hernández,
Claudia Servín, Zenia Lozano
Ubicación Location:
Puebla, Puebla
Año Year: 2022
Fotografía Photography:
Andrés Cedillo

Al pie del río Atoyac se encuentra La Carmela, una de las dos plantas hidroeléctricas que daban servicio a la fábrica textil El Mayorazgo a comienzos del siglo XX.

El proyecto fue desarrollado para la Secretaría de Desarrollo Agrario, Territorial y Urbano (SEDATU), dentro del Programa de Mejoramiento Urbano, con el objetivo de atender a la población que habita en localidades en condiciones de rezago urbano y social, y consistió en la restauración del vestigio industrial y su entorno inmediato. La propuesta se compone por un museo de sitio, una casa de cultura, una biblioteca, consultorios médicos, talleres y un parque lineal, en una superficie de 32 000 m^2.

Se ofrece un programa arquitectónico que atiende a poblaciones diversas con un equipamiento multiescala de vocación cultural en un horario extendido. En la torre vigía conocida como El Castillo se localiza un pequeño museo de sitio-mirador y ahí comienza el recorrido que sigue el rastro del paso del agua con la articulación de andadores flotados en torno a los edificios patrimoniales. En la casa de máquinas se ubica el Ágora, un espacio multifuncional. Hay un foro al aire libre, una cafetería y tres módulos para talleres. En el extremo norte, sobre el canal de aguas negras encofrado, se extiende el parque lineal con andadores, bolsas de espacio público para recreación infantil, *skatepark*, biciestacionamiento y otros servicios.

On the shores of the Atoyac River lies La Carmela, one of two hydroelectric plants that powered the textile factory El Mayorazgo in the early 20th century.

This restoration project was developed by SEDATU (the Ministry of Agrarian, Territorial and Urban Development), through its program to serve the local populations of towns affected by urban and social deterioration. The plans included the restoration of what remained of the plant and its immediate surroundings, as well as the creation of a site museum, cultural center, library, medical clinics, workshops, and linear park, within a total area of 32,000 square meters.

The architectural plan seeks to meet the needs of people of all ages by offering workshops with multi-level equipment and flexible hours. Circulation around the complex begins at the watchtower, known as El Castillo (The Castle), which contains a small site museum, and continues along the trail where rainwater flows with floating walkways laid out around historical buildings. The multi-purpose space known as El Ágora is located in the engine room. The program also includes an open-air forum, cafeteria, and three units for workshops. To the north, located over the encased drainage pipe, the linear park is equipped with walkways, a children's playground, a skate park, bike racks, and other services.

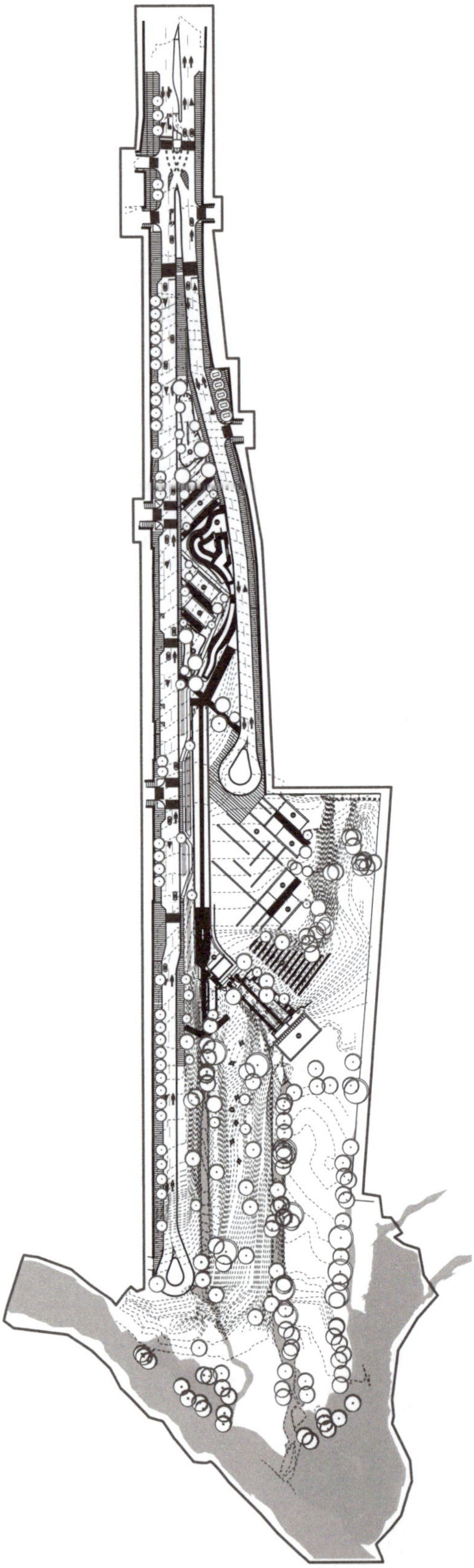

Planta de conjunto Site plan

Axonométrico Axonometric

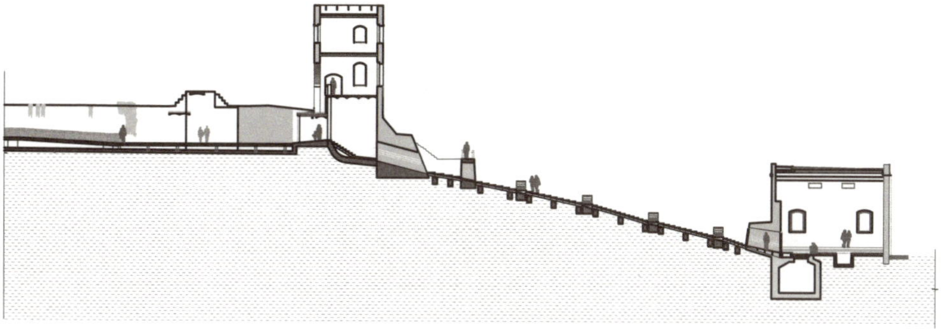

Sección Section

0 25m

Mercado Público Huimanguillo

128 arquitectura y diseño urbano

Categoría Category: **Comercio, abasto y servicios de transporte**
Retail, supplies, transport services

PLATA SILVER

Autores Authors:
Fernando Tepichin Jasso
Equipo de diseño Design team:
Adolfo Valdez, Ricardo Pérez, Ana Laura Jurado, Gustavo Ángeles, José Antonio Rodríguez, Diana Gómez, José Martínez, Angélica Moreno, Fernanda Lozano
Ubicación Location:
Huimanguillo, Tabasco
Año Year: 2021
Fotografía Photography:
Alejandro Gutiérrez

El Mercado es uno de los proyectos de modernización del equipamiento de espacios públicos de Huimanguillo contemplado en el Programa de Mejoramiento Urbano. Dada su proximidad a la Central de Autobuses y la carretera que comunica con Cárdenas y Villahermosa, forma parte de una zona que concentra abasto y servicios.

El edificio antiguo se encontraba muy afectado por la falta de mantenimiento y corrosión causada por la humedad relativa. Su habitabilidad representaba un riesgo. El programa arquitectónico contempla un patio rectangular central que divide el conjunto en dos bloques y respeta la disposición de los locales comerciales originales.

La cubierta es una sucesión de bóvedas de cañón formada por cascarones de concreto sobre marcos de trabes y columnas. La envolvente de concreto pigmentado naturalmente rescata la tonalidad de los edificios regionales con un sistema constructivo de mayor vida útil.

Los locales comerciales se hicieron con tabique aparente, usado también en la celosía del pórtico perimetral que provee ventilación natural y protege los accesos al mercado y las banquetas alrededor. Los servicios, los cuartos técnicos y la zona de carga y descarga se ubican en el costado oriente.

La visión de integración urbana conecta con el corredor comercial de la zona en la fachada sur, que incorpora un nuevo canope vegetal y mobiliario urbano.

This market is one of several projects in Huimanguillo protected by the Urban Improvement Program, which seeks to modernize public spaces and facilities. Due to its proximity to the bus station and to the main road leading to Cárdenas and Villahermosa, it is part of an area with many supply centers and services.

The previous building had deteriorated considerably due to lack of maintenance and high levels of corrosion caused by the relative humidity, thus representing a great risk in terms of the building's occupancy. The program includes a central rectangular courtyard that divides the complex into two blocks and respects the layout of the original shops.

The roof consists of a series of barrel vaults formed by concrete shells mounted on beam-and-column frames. The use of naturally stained concrete reflects the color scheme of local buildings and the construction system ensures greater durability.

The market stands were made with exposed brick, also used to form the latticework of the surrounding arcade, providing natural ventilation and protecting the market entrances and the adjacent sidewalks. The services, machine rooms, and loading bay are located on the east side of the building.

The concept of urban integration connects to the commercial zone located along the south façade, with new trees, plants, and street furniture.

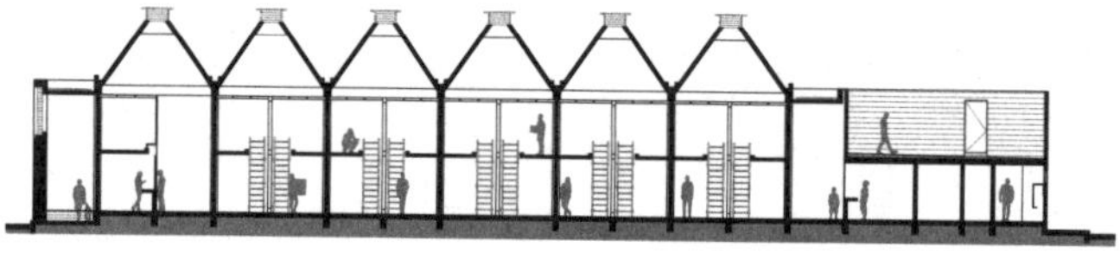

SECCIÓN SECTION

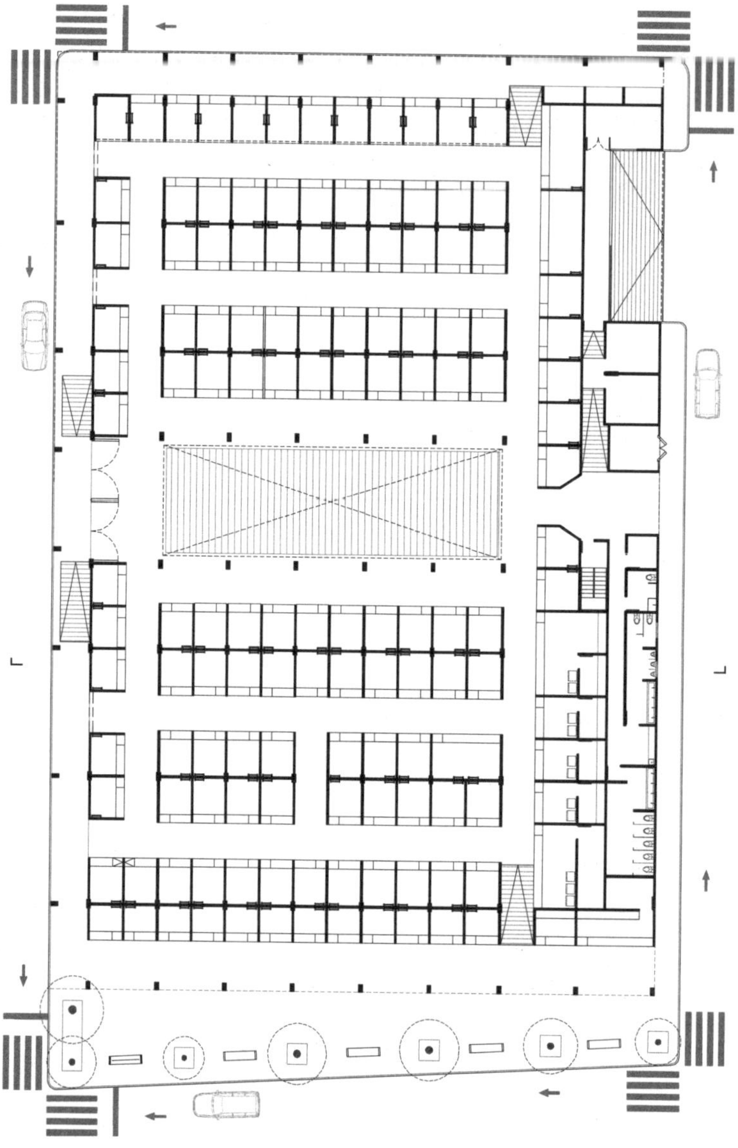

Planta baja Ground floor plan

EL MERCADO

Parque Ciencia Fundadores

VMA Arquitectos

PLATA SILVER

Categoría Category: **Diseño urbano y recuperación de espacios públicos** Urban design and recovery of public spaces

Autores Authors:
Víctor Márquez,
Angeles Miranda
Equipo de diseño Design team:
Gabriela Nava, Alain Redon,
Isasi Zunzunegui,
Victor Florentino, Ana
Karen Soria, Sara Acosta,
Báez & Santana
Ubicación Location:
Toluca, Estado de México
Año Year: 2022
Fotografía Photography:
Jaime Navarro

El proyecto engloba la creación de áreas verdes, plazas públicas, infraestructuras culturales y de servicios con el objetivo de reforestar el centro de Toluca y reactivar el movimiento local. Se propone utilizar el predio detrás del Palacio de Gobierno como estacionamiento y un parque de barrio, el espacio de la Plaza de España para el planetario y 1.5 hectáreas para el parque y las alamedas.

El programa general sigue los ejes de sustentabilidad económica, mantenimiento y responsabilidad medioambiental.

Se aprovechó el desnivel que dejó la demolición del estacionamiento anterior para enterrar los edificios y convertirlos en elementos más paisajísticos que arquitectónicos. Así nace la idea de soterrar el jardín central y formar un enorme patio rectangular con vegetación en casi la mitad del terreno.

Se enfatizó el eje este-oeste para crear dos accesos independientes. Hacia el oeste se colocó una rampa zigzagueante que invita a descubrir el jardín. En el extremo oriente se diseñó una escalinata monumental que acentúa la importancia pública del Cosmovitral.

El primer patio es una fuente de rocío que representa la niebla que cubre los campos alrededor de Toluca. El segundo es un gran prado, inusual en los centros históricos, con una fuente danzante y juego de luces. En el tercer patio está el área de juegos infantiles.

This project's overall objective is to revitalize the city center and carry out urban greening in Toluca by integrating vegetation, public squares, in addition to cultural facilities and services. A parking lot and neighborhood park were built in the space behind the state government building and the planetarium was constructed on Plaza de España. A total of 1.5 hectares were used for the park and walkways.

The architectural plan follows the general guidelines of economic sustainability, environmental responsibility, and maintenance.

The architects took advantage of the difference in level after the parking lot was demolished; they built underground and turned the structures into landscaping elements rather than architecture. This inspired the design of the sunken central garden, which includes a large rectangular courtyard filled with plants and trees that cover almost half the site.

The length of the park is accentuated by two independent entrances. To the west, a zigzag ramp invites visitors to take their time to appreciate the garden; to the east, a grand staircase emphasizes the importance of the Cosmovitral botanical garden.

The first courtyard boasts a mist fountain, emblematic of the fog that typically shrouds Toluca's surrounding countryside. The second courtyard is partially covered by grass—a rarity in historic city centers—and features a dancing light fountain. And in the third courtyard, a children's playground has been built.

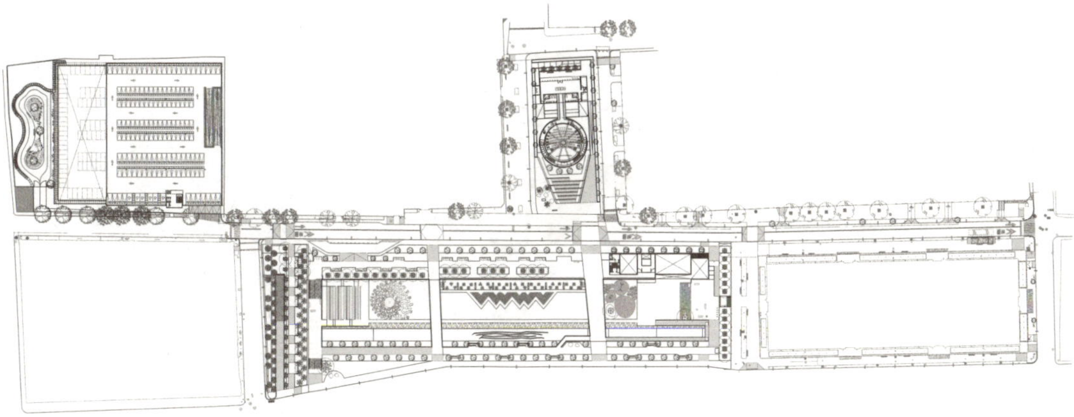

Planta Plan

0 100m

Parque Vía

SOA Soler Orozco Arquitectos

Categoría Category: **Vivienda unifamiliar** Single-family housing

PLATA SILVER

Autores Authors:
Juan Soler, Alan Orozco
Equipo de diseño Design team:
Bruno Rodríguez,
Fernanda León, Carlos Vera,
Valeria Llanos,
Malusa De la Viña
Ubicación Location:
Ciudad de México
Año Year: 2022
Fotografía Photography:
César Béjar

Un jardín que al parecer siempre ha estado ahí, colmado de plantas florales que atraen insectos y pájaros, lo rodea todo. Cada espacio de la casa se extiende hacia el exterior, ya sea al vestíbulo de acceso con su árbol bajo la doble altura y la escalera curva escultural, a la columnata que impone su ritmo mientras se hunde en el espejo de agua o a la esquina de la jacaranda.

La estructura de concreto aparente es rigurosa, esbelta y delineada, dimensiona las habitaciones y está siempre visible. A la vez, la casa es transparente. Se abren vanos y ventanas matizados por postigos de madera. Los muros se cierran revestidos por tejas horizontales de mármol busardeado, que se distingue del concreto por sus vetas ocasionales.

El corazón de la casa late en torno a un gran salón, punto de reunión para parientes y amistades. El comedor y el área de estar se abren por completo hacia el espejo de agua cubierto por la pérgola o la amplia terraza. La iluminación natural viene de todos lados, en especial de los altos ventanales al poniente que dejan pasar el sol de la tarde entre los grandes árboles.

La escalera de la casa es como una pausa en el ritmo de la composición, un descanso y una transición hacia la zona privada, que destaca por el contraste de su curvatura de madera maciza y concreto.

A garden that appears eternal, filled with blooming plants that attract insects and birds, surrounds the entire space. Each area of the house stretches outward, from the double-height entrance with its tree, and the sculptural curved staircase, to the arcade that sets the rhythm while it sinks into the reflecting pool or the corner with the jacaranda tree.

The exposed-concrete structure is always visible, with its stark, slender, and well demarcated features giving a sense of scale to the rooms. The house itself is transparent, with wooden louvers adding nuance to the openings and windows. The walls are clad in horizontal, textured marble tiles, which is distinguished from the concrete by occasional veins.

A large room is heart of the home, a place where relatives and friends can gather. The dining and living room open up completely to the reflecting pool covered by the pergola or spacious terrace. The house is naturally lit throughout, particularly by the tall picture windows facing west, allowing the afternoon night to filter in through the majestic trees.

The house's staircase is like a pause in the rhythm of the composition, a rest and a transition toward the private area, which stands out for the contrast of its solid wood curve and concrete.

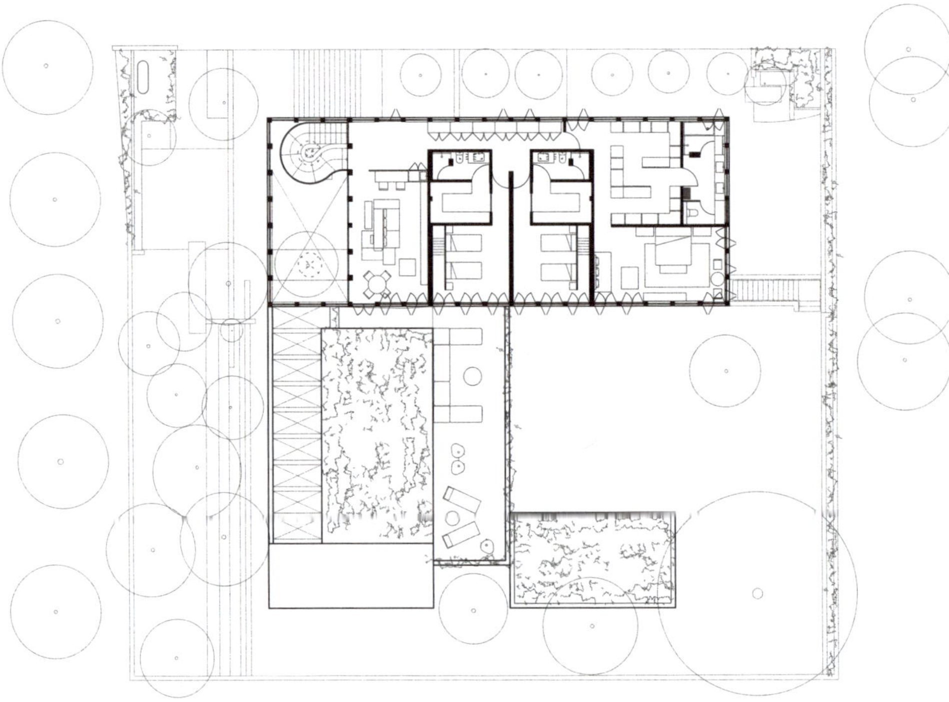

Planta nivel 1 Level 1 floor plan

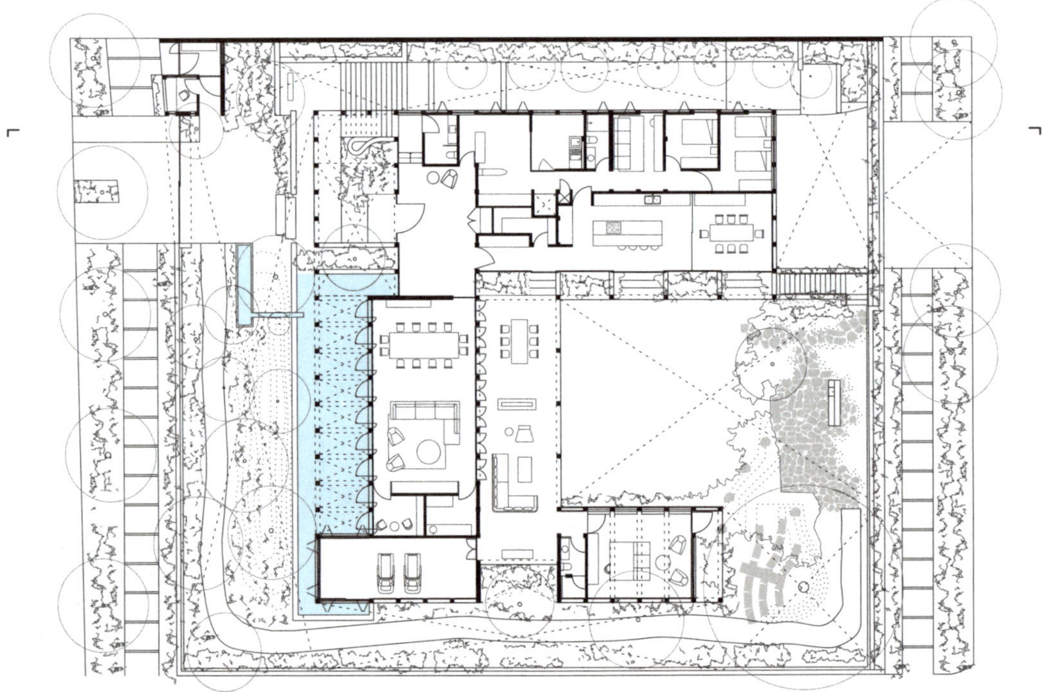

Planta baja Ground floor plan

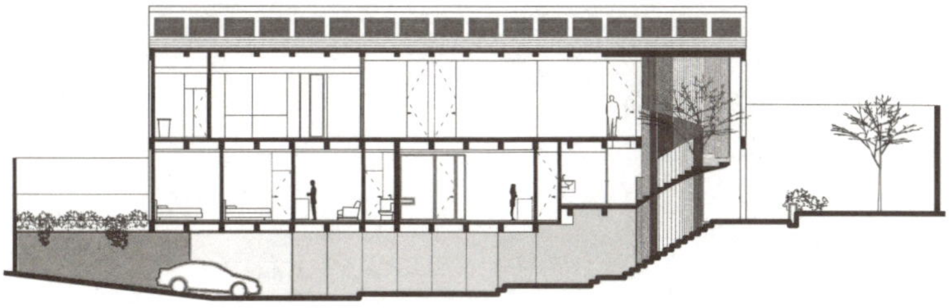

Sección Section

Área educativa y centro de atención al visitante

Proyecto integral para la rehabilitación del Zoológico de Chapultepec 2a. etapa

TEAM 730 Taller de Estudios y Análisis Metropolitanos

Categoría Category: **Educación** Education

PLATA SILVER

Autores Authors:
José Muñoz
Equipo de diseño Design team:
Carlos Marín, Daniela Sánchez, Mariana Estrada, Ricardo Ruíz, Joanna González
Paisajismo Landscape:
Luis Guísar, Rafael Tinajero
Ubicación Location:
Ciudad de México
Año Year: 2021
Fotografía Photography:
Oscar Hernández

El Zoológico de Chapultepec es la pieza clave de una red nacional e internacional dedicada a la recuperación y conservación de especies. Desde 2020 se ejecutaron labores de rehabilitación y construcción para optimizar las condiciones de los animales, los visitantes y para el desarrollo de las actividades del personal.

El diseño del Área educativa y centro de atención al visitante se centró en causar el menor impacto posible en la superficie destinada a la intervención arquitectónica, integrar las especies vegetales existentes, asegurar la máxima permeabilidad de agua al subsuelo, y poner en valor un inmueble subutilizado.

La unidad de modulación es un prisma cuadrangular regular. Andadores, foro al aire libre, salón de usos múltiples, área de atención al visitante, núcleos sanitarios, bodega y cuarto de máquinas se agrupan en 56 módulos. Los espacios cubiertos se proponen con el mínimo desplante y la mayor superficie de captación de agua pluvial.

La luz y la sombra articulan los ambientes e integran interior y exterior a partir de módulos vacíos, de cuadrantes estriados en direcciones y densidades diferentes, de prismas cerrados con caras sólidas y transparentes y de la vegetación existente y nueva.

Para reciclar el objeto ya edificado, se propuso un volumen ligero y transparente como remate del basamento de piedra sobre el cual se posa.

The Chapultepec Zoo is an essential component within a network of projects led by national and international groups committed to the preservation of plant and animal species. Since 2020, efforts have been made to rehabilitate the park to optimize conditions for the animals, visitors, and park staff.

The main objectives behind the design of the educational pavilion and information center include measures to minimize the impact on the plot of land designated for the project, integrate existing endemic plant species, ensure maximum permeability of subsoil water, and increase the value of underutilized buildings.

The square prism is the basic element of this structure and there are a total of 56 modules that combine to create walkways, an open-air forum, a multi-purpose hall, an information point, washrooms, a storage area, and a machinery room. It was important for all covered spaces to blend in with the overall context, while maximizing the total area for rainwater collection.

Light and shadow provide structure to the spaces, connecting the interior with the exterior through the use of empty modules, square modules with ribbed gratings extending in different directions, closed prisms with solid and transparent surfaces, along with new and pre-existing vegetation.

In order to recycle the existing buildings, light and open structures were built on top of stone foundations.

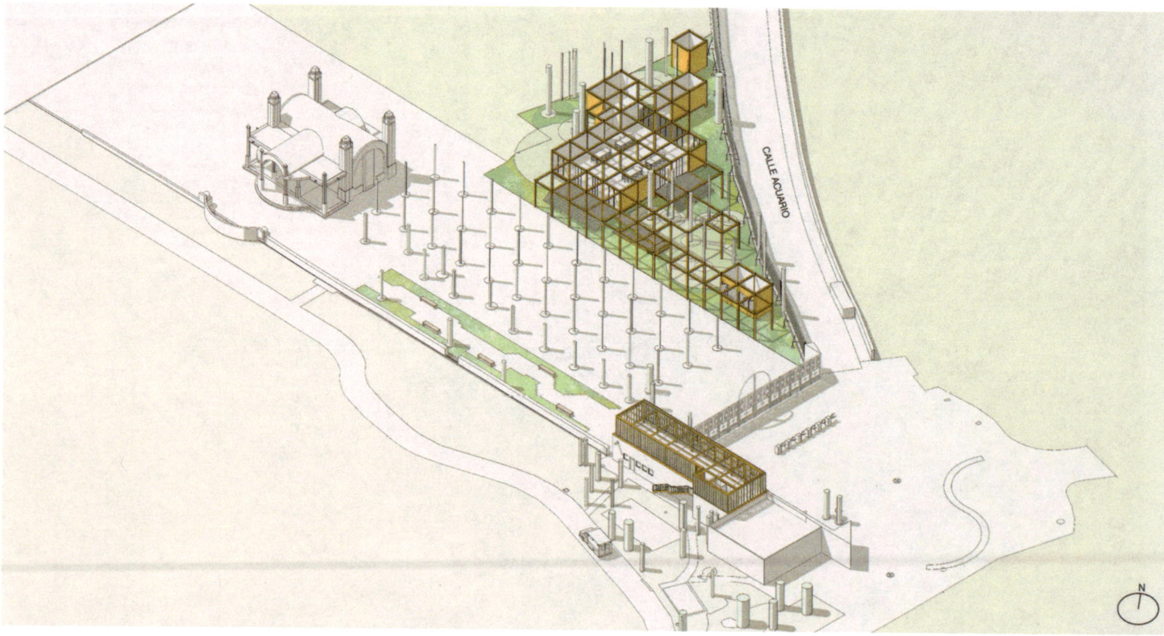

Axonométrico Axonometric

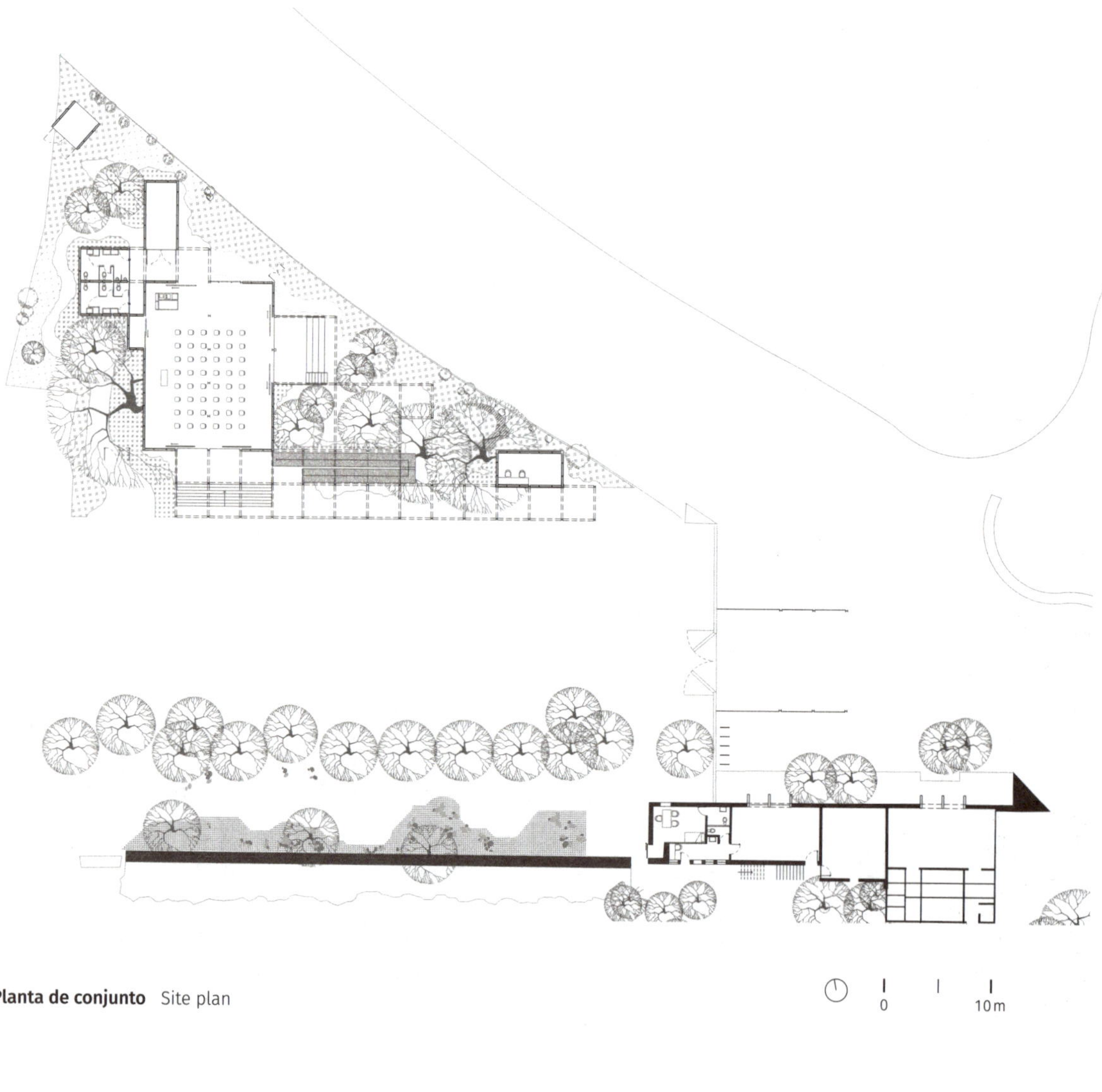

Planta de conjunto Site plan

SISMOS
INCENDIOS

PLATA SILVER

Categoría Category: **Recreación, servicios, deporte**
Recreation, services, sport

Spa en Tepoztlán

SOA Soler Orozco Arquitectos + JSa

Autores Authors:
Juan Soler, Alan Orozco,
Javier Sánchez
Equipo de diseño Design team:
Fernanda León,
Elena Annunziata, Ingrid Casas
Paisaje Landscape:
Paar Taller
Ubicación Location:
Tepoztlán, Morelos
Año Year: 2021
Fotografía Photography:
Jaime Navarro

Tepoztlán goza de la reputación de ser un sitio místico, envuelto en historia precolombina y energías curativas. La vegetación es abundante y el cerro del Tepozteco se oculta bajo el follaje a pesar de su imponente cercanía. El cliente buscaba construir un lugar clavado en este contexto, en el que pudiera dedicarle tiempo al bienestar corporal y anímico. La premisa principal fue no afectar el paisaje y hacer desaparecer la arquitectura. Formalmente, se trata de un cono de piedra volcánica truncado por un platón vegetado encima. Simbólicamente, es una procesión que comienza al entrar a la montaña por un túnel, sigue por las instalaciones para atender al cuerpo, resurge del otro lado por una escalinata y descubre la abrumadora naturaleza desde otro plano.

Se propuso una planta circular con espacios radiales en torno a un centro prácticamente vacío. El sol y el agua se cuelan por un lucernario redondo colocado en medio del platón de 20 m de diámetro. Este impluvium concentra el agua de lluvia y se filtra a las cisternas bajo tierra. El cuarto de masaje, el vestidor, las regaderas, los baños, el sauna y el frigidarium rodean el núcleo y completan el programa activo. Al subir, el recinto se comprime y luego se abre por completo al salir. El platón es un jardín que se funde con las copas de los árboles para disfrutar el amanecer, el atardecer y la noche.

Tepoztlán enjoys a certain mystique for its pre-Hispanic past and its reputed creative and curative energies. Profuse vegetation covers the hills, concealing the Cerro del Tepozteco despite its imposing proximity.

The client wanted both a place nestled in this context and a retreat to promote physical and emotional wellbeing. One of the goals was to ensure that the spa completely integrated into the surrounding landscape. The structure itself is a truncated cone of volcanic rock covered by a green roof, arranged as a metaphorical procession that begins by entering the mountain through a tunnel and circulating through the spaces to reach the main body, and re-emerging on the other side, with steps leading up to offer awe-inspiring views of the natural surroundings from another perspective.

The circular floor plan has radial spaces around a central area left almost as a void, lit from above by a round skylight that lets sun and water filter through. This skylight occupies the center of the 20-meter-diameter green roof, which acts as a kind of *impluvium* to collect the rainwater that then filters down into the underground cisterns. A massage room, lockers, showers and bathrooms, sauna, and *frigidarium* are arranged around the structure's core. Upon climbing the stairs, the space tapers and then opens completely upon emerging outdoors. The green roof blends into the surrounding tree canopies and offers a place for guests to enjoy the dawn, dusk, and night sky.

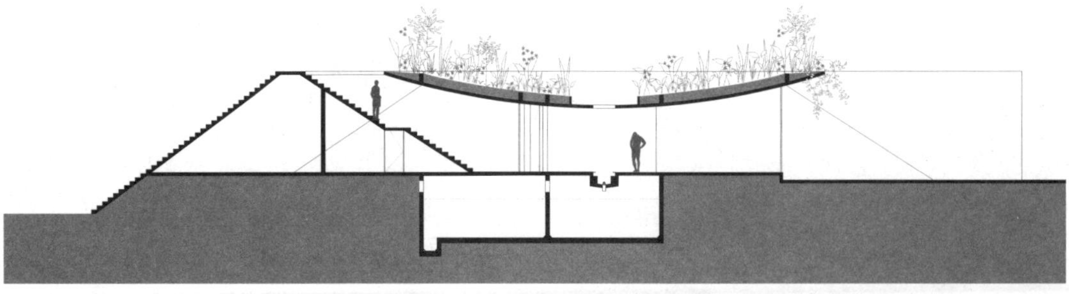

Sección Section

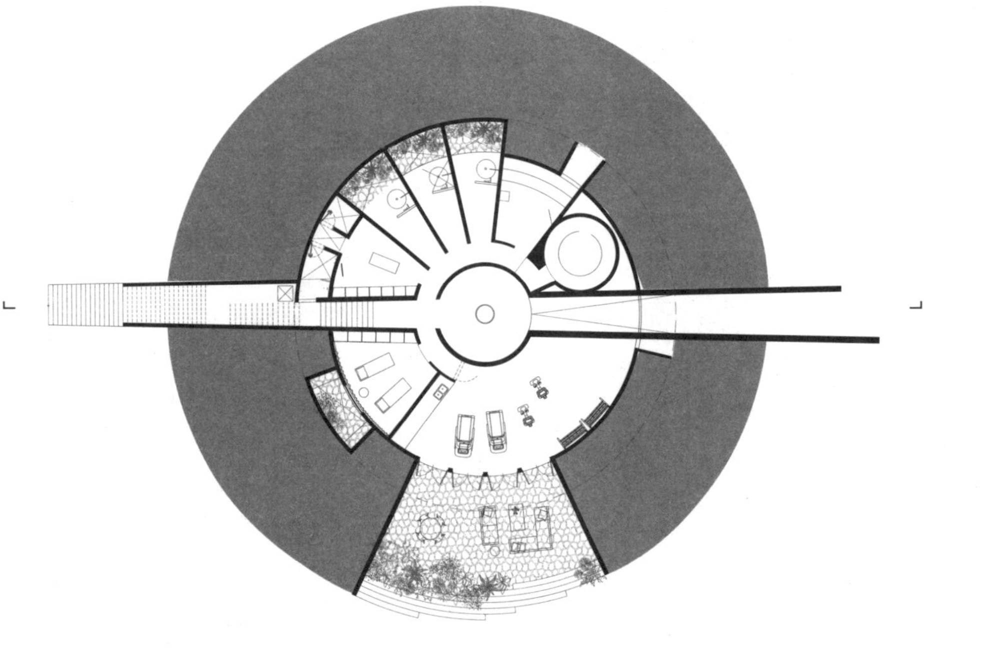

Planta baja Ground floor plan

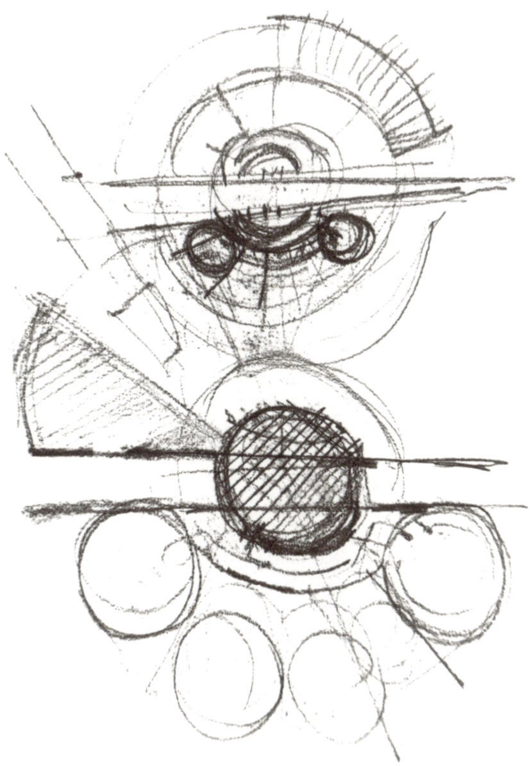

Torre Avancer

Manuel Cervantes Estudio + Estudio Macías Peredo

PLATA SILVER

Categoría Category: **Oficinas** Offices

Autores Authors:
Manuel Cervantes,
Salvador Macías, Magui Peredo
Equipo de diseño Design team:
Nuno Pinto, Diego Flores,
Diego Quirarte, Ángel García,
Ana Padrón, Jacobo Mendoza
Ubicación Location:
San Luis Potosí, San Luis Potosí
Año Year: 2021
Fotografía Photography:
César Béjar, Rafael Gamo

El esquema del proyecto se define por una retícula estructural que permite racionar la geometría irregular del predio y resolver con eficiencia el acomodo y la circulación de los autos en los sótanos de estacionamiento. El primer nivel se conceptualiza como una planta libre en la que los flujos peatonales intensifican la relación del edificio con la calle. El programa de comercio se fragmenta en bloques independientes de la estructura de la torre, lo que mantiene la permeabilidad de la planta.

Los niveles de oficinas se configuran en dos crujías ligeramente desfasadas con un núcleo de circulaciones verticales. La silueta resultante es esbelta en sus lados poniente y oriente y alargada en sus fachadas norte y sur, en las que la repetición de elementos verticales de concreto controla el asoleamiento.

Columnas y losas de concreto pigmentado conforman el sistema estructural. El color del concreto recuerda el tono natural de la piedra del lugar, parte importante de la identidad de la arquitectura colonial de la ciudad. En cada nivel se abren terrazas y pequeños jardines con el objetivo de provocar sitios de contacto y reunión para los usuarios. La crujía sur se interrumpe en el octavo piso para dar paso a una terraza. En el último nivel, la estructura de concreto de la crujía norte se prolonga para crear una azotea verde con vegetación endémica.

The building's outline is a structural grid made up of irregular geometric forms, providing an effective use of space for the parking and circulation of vehicles in the basement parking garages. The first floor was designed using an open floor plan that generates foot traffic and thus reinforces the building's connection with the street. The commercial section is divided into blocks independent of the tower's structure, which helps to maintain the permeability of the floor plan.

The office floors consist of two slightly offset bays with stairs and elevators between them. The resulting silhouette is slender on the east and west sides and elongated on the north and south façades, which feature a repeated series of vertical concrete elements that regulate solar gain.

The building's structural frame is made up of columns and stained concrete slabs. The tinted color is reminiscent of the natural hue of the regional stone, an important material in San Luis Potosí's colonial architecture. With small gardens and terraces on each floor, the aim is to create places for people to meet and connect. The tower's southern bay is interrupted to create a terrace on the eighth level. On the top floor, the northern bay's concrete structure is extended to form a green roof with endemic trees and plants.

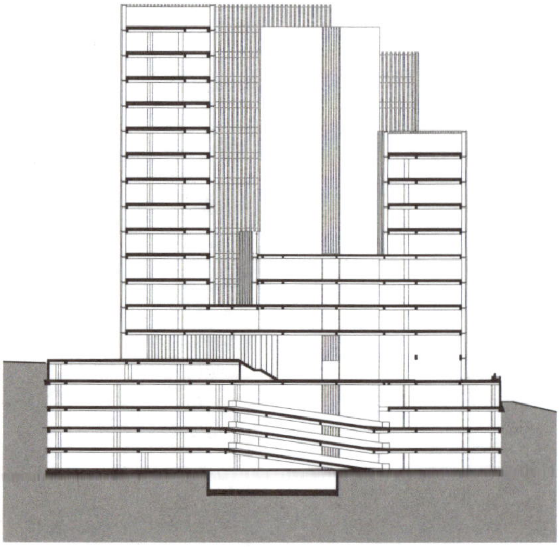

Sección Section

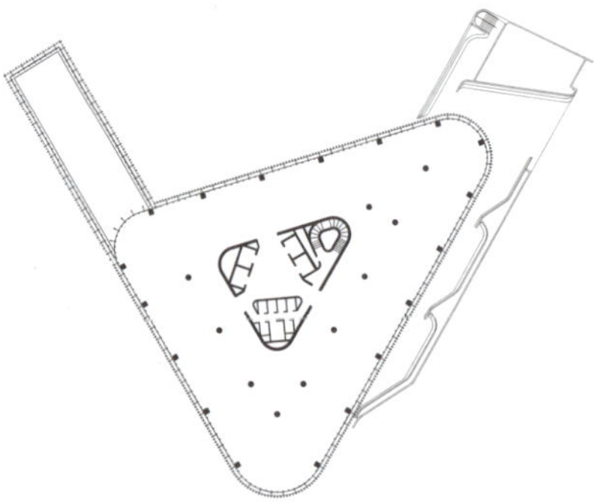

Planta nivel 1 Level 1 floor plan

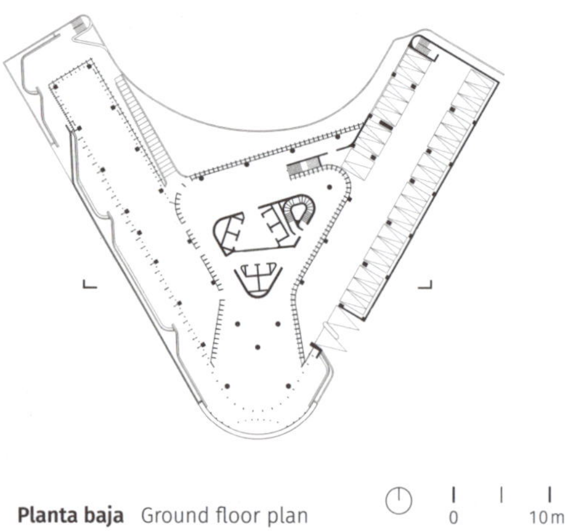

Planta baja Ground floor plan

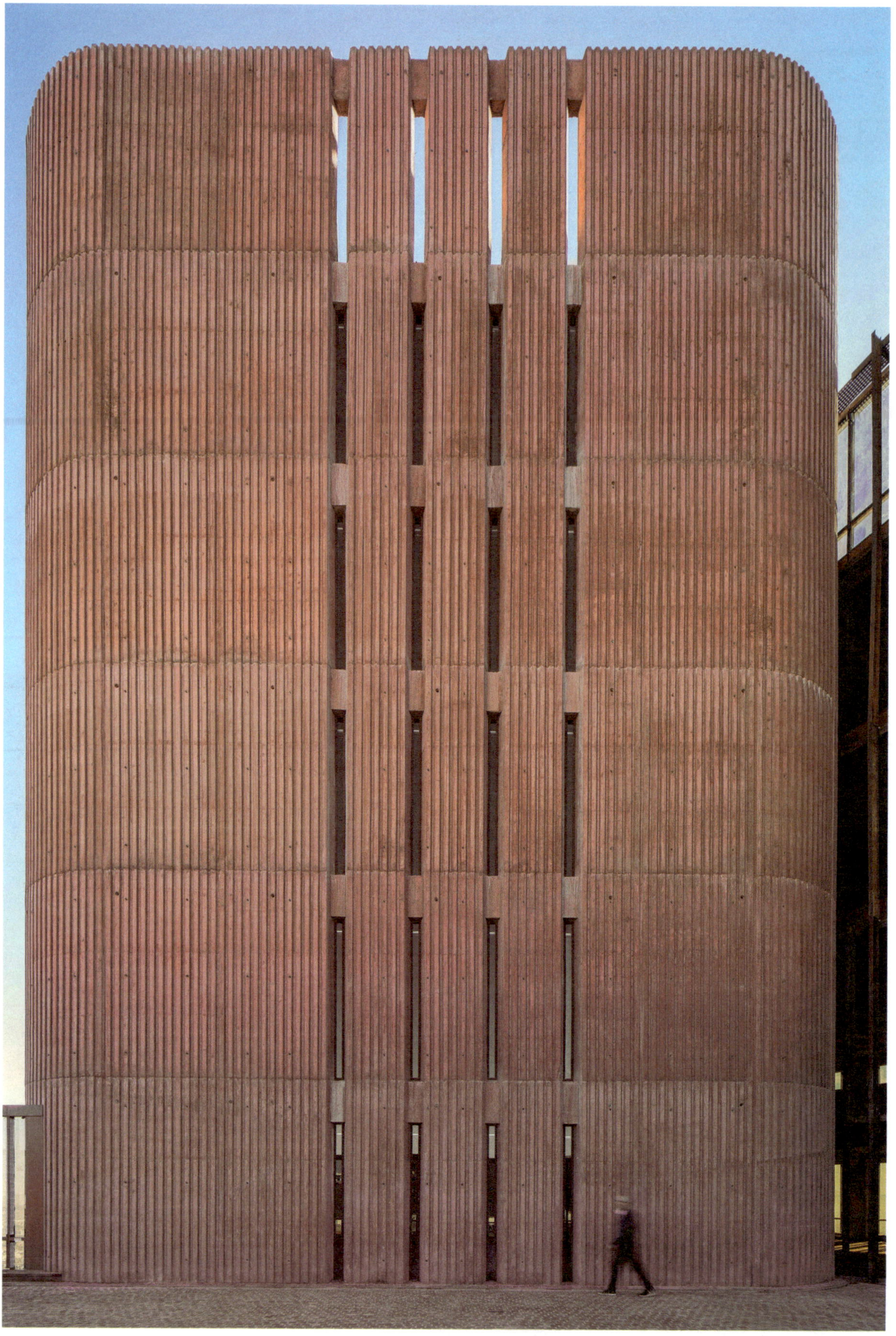

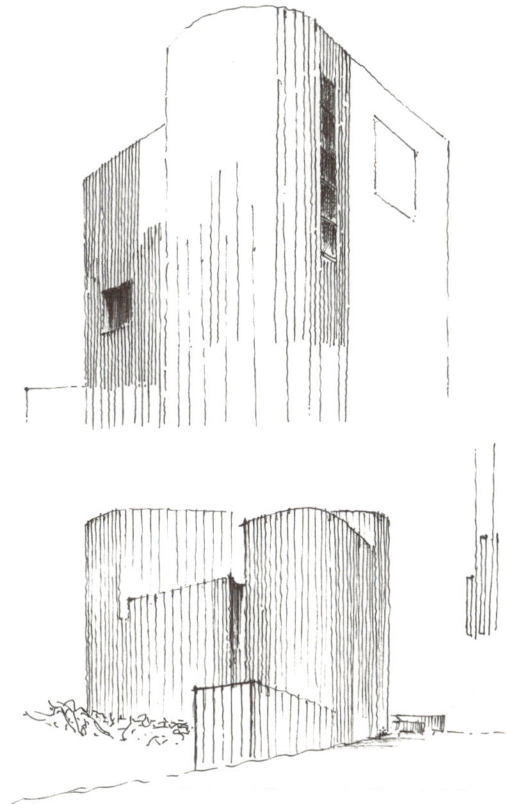

PLATA SILVER

Categoría Category: **Vivienda de interés social**
Low-income and social housing

Vivienda temporal para trabajadores - Tierras

Manuel Cervantes Estudio

Autores Authors:
Manuel Cervantes Céspedes
Equipo de diseño Design team:
Jaime Morales,
Juan Pablo López, Mariloly Rodríguez, Omar Martínez
Ubicación Location:
Palenque, Chiapas
Año Year: 2021
Fotografía Photography:
César Béjar

El proyecto se ubica en las plantaciones de árboles de hule de los que se extrae látex, una de las principales actividades económicas de Palenque. Por la zona transitan tanto connacionales como personas provenientes de Centro y Sudamérica en situación de migración en su camino hacia Estados Unidos.

Los trabajadores tienden a instalarse de manera improvisada y precaria en sus lugares de trabajo, lo que deteriora en gran medida su calidad de vida. En este clima subtropical húmedo, la propuesta consideró varias técnicas pasivas de eficiencia bioclimática.

Cuatro tipos de módulo —de trabajadores, de familia, de cocina y de limpieza— se insertan en el contexto y se complementan entre sí. Todo el conjunto se coloca paralelo a los árboles de hule para aprovechar su sombra y reducir la incidencia solar en las cubiertas.

El sistema consta de marcos de concreto armado colocados en una plataforma elevada para evitar la transferencia de calor y humedad, y generar ventilación cruzada sobre el módulo. El bambú fue un elemento importante para la construcción debido a su abundancia en la zona. Las fachadas de este material dan privacidad y permiten la ventilación cruzada en los espacios interiores. Para las divisiones se utilizaron bloques huecos. Los muros se encuentran con vigas de concreto armado, en las que descansan los entramados de bambú.

This project is located in the rubber tree plantations used for extracting latex, a main driver of Palenque's economy. Mexicans as well as Central and South American migrants move through this area on their way to the United States.

The workers typically stay in improvised and precarious dwellings in their workplace, severely worsening their quality of life. Particularly in response to this subtropical, humid climate, the design incorporated several passive bioclimatic techniques.

Four kinds of modules—for workers, for families, for cooking, and for cleaning—form part of the initiative and complement each other. The entire complex is placed alongside the rubber trees to benefit from their shade and to reduce solar gain through the roofs.

The system's reinforced concrete frames are placed on a raised platform to prevent the transfer of heat and humidity and create cross ventilation over the module. As a prevalent species in the area, bamboo was an important structural material; for example, the bamboo façades add privacy and provide interior cross ventilation. Hollow blocks were used for the partitions. The bamboo roof structure rests on the reinforced concrete beams that form part of the walls.

Sección A-A' Section A-A'

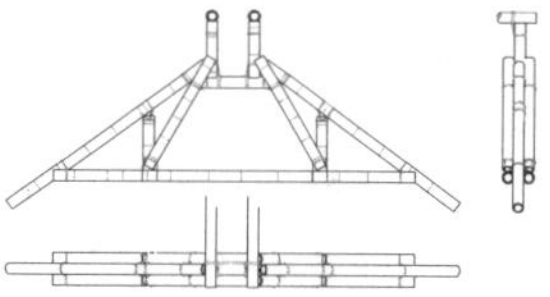

Estructura de bambú Bamboo structure

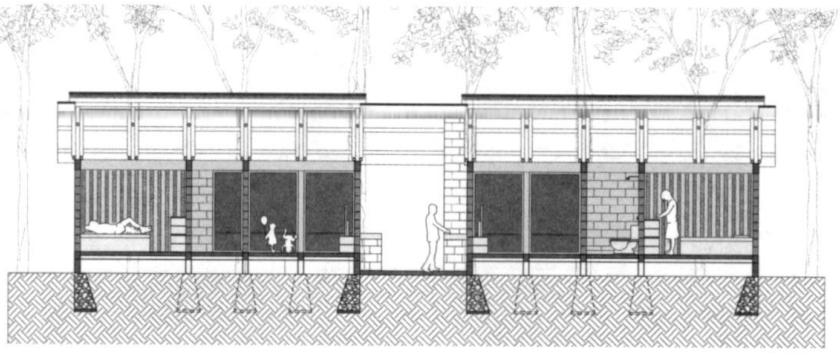

Sección B-B' Section B-B'

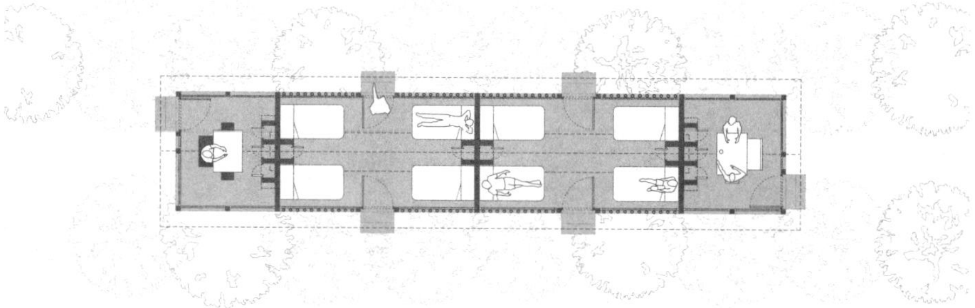

Planta módulos trabajadores Workers modules floor plan

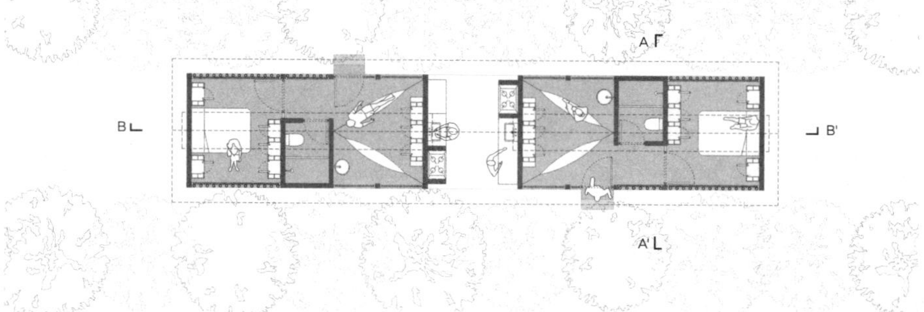

Planta módulo familiar Family module floor plan

0 10m

MENCIÓN HONORÍFICA HONORABLE MENTION

Categoría Category: **Diseño urbano y recuperación de espacios públicos** Urban design and recovery of public spaces

Canal Nacional

Espacio público donde convergen lo urbano, socioambiental y nuestra historia lacustre

Secretaría del Medio Ambiente

Autores Authors:
Maritza Hernández Solís, Miguel Carmona Suárez
Equipo de diseño Design team:
Josefina Ponce, Laura Varela, Germán Mondragón, Gary A. Chávez, Diana Hernández, Jorge C. Badillo, Lizette F. Romero, Alberto A. Díaz, Ana K. Villalba, Ma. Teresa Cantoral, Andrea Castillo
Paisaje Landscape:
HORNO Taller de Paisaje y Arquitectura
Ubicación Location:
Ciudad de México
Año Year: 2023
Fotografía Photography:
Dzilam Martínez

El Canal Nacional es el último vestigio del antiguo Canal de la Viga, una vía fluvial construida en la época prehispánica que sirvió como ruta comercial y recreativa para los pueblos originarios de la ciudad.

El proyecto tiene como objetivo general recuperar, preservar y restaurar los espacios azules de la ciudad y su biodiversidad asociada mediante una intervención de 8.5 km lineales en tres etapas. Declarado Área de Valor Ambiental, el canal conecta las alcaldías Coyoacán, Iztapalapa, Xochimilco y Tlalpan.

Los niveles de intervención con soluciones de infraestructura verde y azul incluyen la construcción de plazas para diversas actividades (clases, talleres, juntas vecinales, juegos infantiles, etc); el diseño de circuitos de movilidad (rampas, trotapista y puentes seguros para ciclistas y peatones); el saneamiento del arbolado, reforestación y revegetación con plantas nativas, polinizadoras, ribereñas y espontáneas; y la limpieza, desazolve, nivelación, oxigenación y reconformación del canal.

The National Canal is the last surviving remnant of Canal de la Viga, a waterway built in pre-Hispanic times as a commercial and recreational route for the city's indigenous population.

The project's main aim is to recover, preserve, and restore the city's blue spaces, and their associated biodiversity, through an 8.5-kilometer linear intervention to be executed in three stages. With its officially protected environmental status, the canal connects the boroughs of Coyoacán, Iztapalapa, Xochimilco, and Tlalpan.

The initiative's green and blue infrastructure solutions include the construction of plazas for various activities (workshops, neighborhood meetings, children's playgrounds, and more), the design of inclusive mobility infrastructure (ramps, a jogging track, as well as safe bridges and crossings for cyclists and pedestrians), tree care, reforesting, replanting with native, pollinating, waterside, and volunteer plants; and cleaning, dredging, levelling, oxygenating, and reshaping the canal.

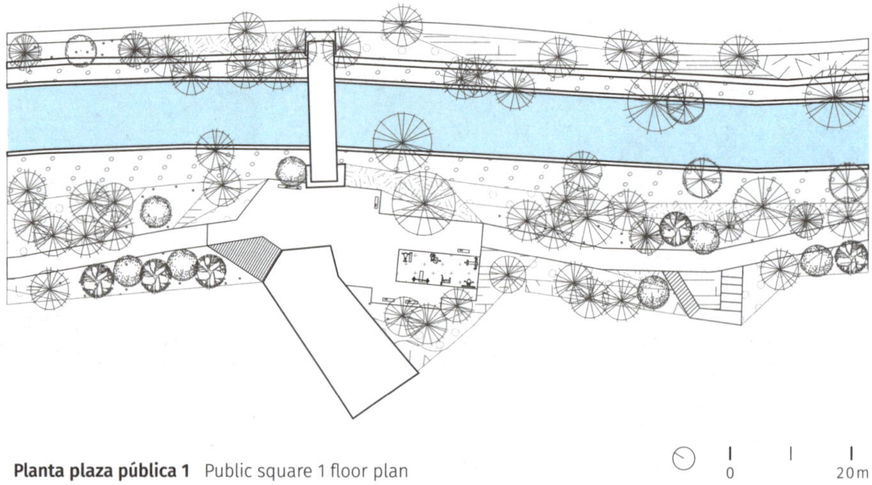

Planta plaza pública 1 Public square 1 floor plan

MENCIÓN HONORÍFICA HONORABLE MENTION

Categoría Category: **Cultura** Culture

Centro de Cultura y CADI Tlatenchi

Taller CD

Autores Authors:
Alberto Cejudo, Jocelyn Gutiérrez, Mariana Rodríguez
Equipo de diseño Design team:
Lilian Muciño, Stephanie Flores, Alexandra López, Diana Peralta, Jaime López
Ubicación Location:
Tlatenchi, Morelos
Año Year: 2021
Fotografía Photography:
Andrés Cedillo

La Casa de Cultura y el Centro Asistencial de Desarrollo Infantil (CADI) son proyectos desarrollados de manera conjunta en predios separados, a cinco minutos a pie uno de otro. Se buscó integrarlos mediante materiales, disposición y soluciones estructurales para que fueran percibidos como una entidad única.

Dado el flujo de los residentes entre una calle y otra, se reintrodujo una vía formada por una senda usada previamente. La concentración de individuos generó un punto nodal en cada centro, que se tradujo en una gradería en la Casa de Cultura y un patio en el CADI.

Dada la susceptibilidad sísmica de la zona, se optó por una reinterpretación de la bóveda catalana —oficio que ha pasado de generación en generación en Tlatenchi—. Los muros de carga de tabique expuesto cubren amplios espacios sin necesidad de soportes intermedios. Los materiales se extienden a los patios, escaleras y senderos. Se conservaron todos los elementos naturales presentes, como las tres ceibas de 2 m de altura entre las aulas del CADI.

El municipio tiene un clima cálido y húmedo durante gran parte del año, por lo que se seleccionaron materiales en función de la regulación térmica y celosías que permiten ventilación cruzada.

The Casa de Cultura and the Centro Asistencial de Desarrollo Infantil (CADI)—a cultural institute and an early childhood education center—are projects developed jointly on separate lots, with a five-minute walk between them. The idea was to merge them through the choice of materials, layout, and structural solutions, giving them the appearance of a single entity.

Residents moving from one street led to the reintroduction of a route created by a path used before. The concentration of individuals produced a nodal point in each center, creating a set of steps at the Casa de Cultura and a courtyard in the CADI.

Local seismic activity prompted the reinterpretation of the Catalan vault, a roof design that has been passed down through the generations in Tlatenchi. The exposed-brick, load-bearing walls span broad spaces without the need for intermediate support. The materials are also used for the courtyards, staircases, and pathways. All the existing natural features were respected, including the three, 2-meter tall ceiba trees between the CADI classrooms.

The local area has a warm, humid climate for most of the year, hence the choice of materials based on their insulating qualities and lattices that allow for cross-ventilation.

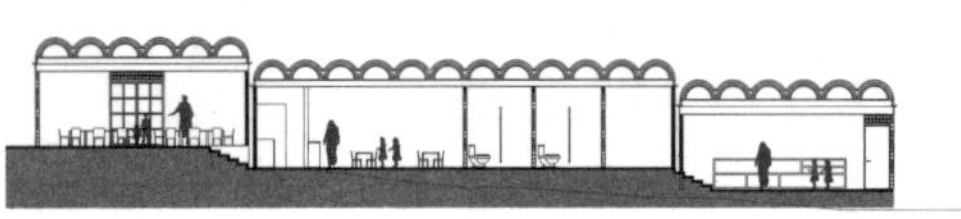

Sección Section

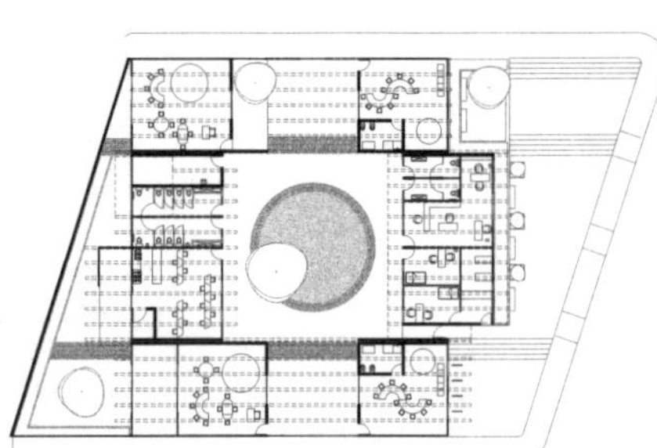

Planta baja Ground floor plan 0 10 m

Four Seasons Resort Tamarindo

Taller Mauricio Rocha + Legorreta Arquitectos

MENCIÓN HONORÍFICA HONORABLE MENTION

Categoría Category: **Turismo** Tourism

Autores Authors:
Mauricio Rocha,
Víctor Legorreta
Equipo de diseño Design team:
Paola Legorreta,
Luis Guagnelli, Daniel Roselló,
Elizabeth Waites
Diseño de interiores Interior design: Uribe Krayer,
Estudio Esterlina, BHUBER,
Esrawe Studio
Paisajismo Landscape:
GDU-Mario Schjetnan
Ubicación Location:
La Huerta, Jalisco
Año Year: 2023
Fotografía Photography:
Mauricio Ramos,
César Béjar, Luis Guagnelli

El *resort* se extiende en 80 hectáreas dentro de la selva baja llamada Majahua, que bordea una de las costas de Jalisco, entre edificios de servicio, habitaciones, y un proyecto de paisaje que refuerza la vegetación existente y envuelve la arquitectura.

A partir del requerimiento de sembrar el programa en la Reserva Natural El Tamarindo, se trabajó con ejercicios volumétricos de emplazamiento que respetaran el perfil topográfico del sitio, que presenta playa y montaña.

Se eligieron cinco materiales base: madera tropical de parota obtenida en viveros controlados; piedra braza de Colima, que se destinó a contenedores de plataformas, plazas, y a los muros exteriores; recinto volcánico proveniente de Colima y Puebla para recubrir los pisos; mármol Xalapa para pisos, mobiliario fijo, y lambrines, y concreto con agregados del sitio que adquiere las mismas tonalidades. Las superficies de concreto aparente, por medio del despiece de cimbra seleccionado, simulan lambrines de madera según la hora del día.

The resort's service buildings, rooms, and landscaping project occupy an 80-hectare space within a lowland jungle known as Majahua, along a stretch of coastline in the state of Jalisco, as part of a design that aims to enhance the existing vegetation around the architecture.

The necessity to locate the program within El Tamarindo Nature Reserve meant that the volumes' positions respected the site's mountain and beach topography.

Five core materials were used: tropical parota wood sourced from certified tree plantations; basalt stone from Colima, used for platform enclosures, plazas, and exterior walls; volcanic stone from Colima and Puebla for flooring; marble from Xalapa for flooring, fixed furniture, and cladding, and concrete with local aggregate for a cohesive color palette. The exposed concrete surfaces resemble wood at certain times of day due to the use of specially selected formwork pieces.

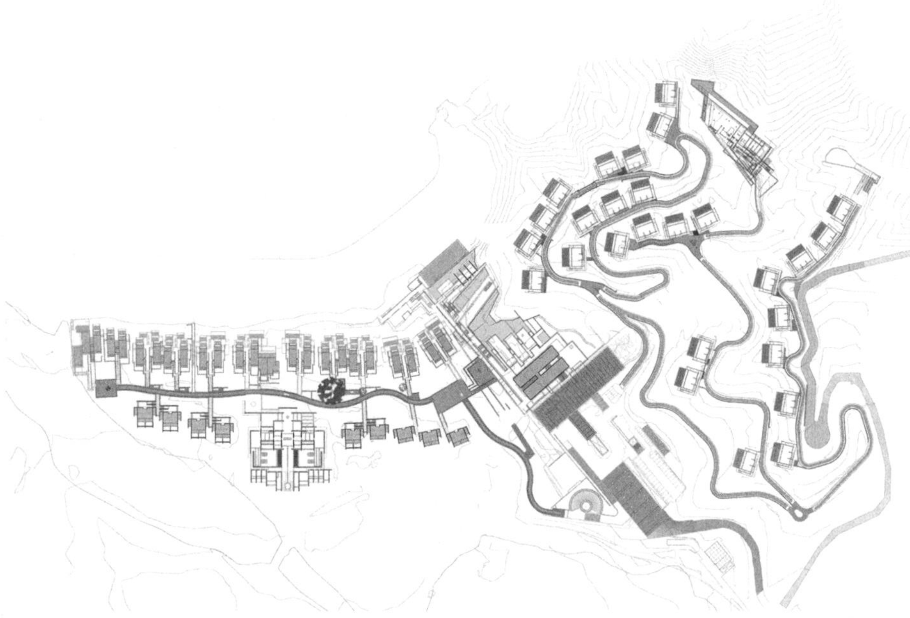

Planta de conjunto Site plan

0 10m

MENCIÓN HONORÍFICA HONORABLE MENTION

Categoría Category: **Arquitectura de paisaje** Landscape Architecture

Jardín Casa Jendor

Polen Arquitectura de Paisaje

Autores Authors:
Ana Carvajal,
Alejandra de la Cerda
Equipo de diseño Design team:
Raúl Armenta,
Natalia Sánchez, María
José Soule, Bastien Darnoux,
Jorge Ramos, Teresa Aviña
Ubicación Location:
Ciudad de México
Año Year: 2023
Fotografía Photography:
César Bejar

La vastedad del Pedregal acoge un rincón de movimiento y transformación en la Casa Jendor. En medio de la dura y constante transformación, la lava que una vez arrasó todo a su paso ha sido moldeada para convertirse en un rincón de contemplación. El diseño de paisaje fluye y cambia en el tiempo, como la roca que el mismo magma concibió.

La lava petrificada del Xitle conformó una superficie escarpada que permite el escurrimiento de agua entre sus capas. Este jardín fluye de manera similar a la materia que lo inspiró y deja que el agua se desplace entre sus estratos, lo que contribuye al crecimiento de comunidades vegetales de xerófitas, helechos, echeverias y gramíneas. El proyecto de paisaje que acompaña la vivienda: contempla un jardín pétreo, la terraza, un jardín principal y la terraza-comedor como espacios delimitados que se transforman sin cesar.

El jardín no se detiene en su forma física, sino que se insinúa en su propia esencia, tiene la potencia de crear microambientes que atraen especies animales propias del territorio.

Casa Jendor occupies a dynamic spot in the vast Pedregal area. The lava from the Xitle volcano solidified to create a rocky landscape that allows water to filter in between its layers. Amid the tough and constant transformation, the lava that once swept away all before it has now been molded into a place of contemplation. The landscaping design flows and changes over time, like the rock created by the magma itself.

This garden flows similarly to the matter that inspired it, allowing water to enter its crevices for the growth of plant species such as xerophytes, ferns, echeverias, and Gramineae. The landscaping project is integral to the home's story: it includes a stone garden, terrace, main garden, terrace-dining area, in addition to well-defined, highly adaptable spaces.

The garden is not defined by its physical space, but is insinuated in its own essence, with the potential to create micro-environments that attract local animal species.

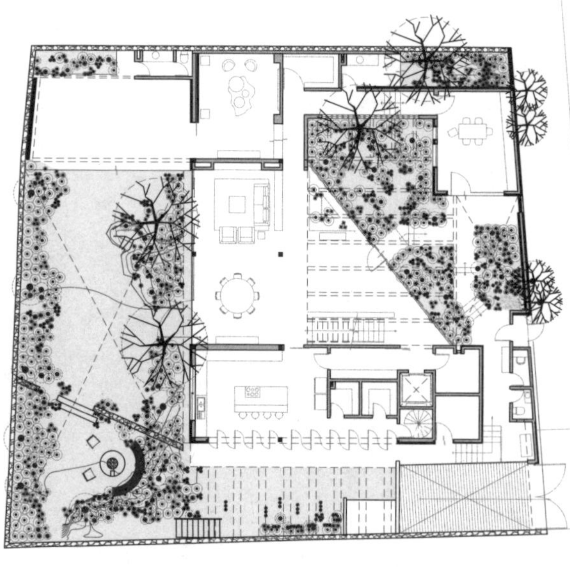

Planta baja Ground floor plan

0 5m

MENCIÓN HONORÍFICA HONORABLE MENTION

Categoría Category: **Remodelación o reconversión de edificios**
Building remodeling or conversions

La Fábrica de Hielo

JSa

Autores Authors:
Aisha Ballesteros, Benedikt Fahlbusch, Javier Sánchez
Equipo de diseño Design team:
Israel Silva, Isaías González, Juan Pedro López, Roberto Ledezma, Francisco Martínez
Paisaje Landscape:
Genfor Landscaping, Tepetl Taller de Paisaje y Territorio
Ubicación Location:
Ciudad de México
Año Year: 2023
Fotografía Photography:
Rafael Gamo

A casi tres décadas de su abandono, la fábrica fue descubierta por un taller de arquitectura que reconoció el potencial de su estructura y la convirtió en su hogar. La estructura ameritaba una intervención que mantuviera y ampliara la preexistencia. El programa nació en la obra a modo una evaluación constante para discernir qué se preservaba o se restauraba. El piso superior requirió un procedimiento de decapado, a la Gordon Matta-Clark, para remover espesas capas de alquitrán y aislantes térmicos de la antigua nevera. También se arenaron los muros para encontrar la tectónica del edificio. Inmiscuidas en cada espacio prevalecen reminiscencias del ayer industrial: pilares de acero, tuberías, pasos de gato y escaleras, convertidos en motivos escultóricos.

La nueva ventana en la fachada norte se convirtió en la insignia del proyecto y homenaje fortuito a uno de sus referentes: la unidad de Pompeia del Serviço Social do Comércio, de Lina Bo Bardi. Los sistemas de captación de agua de lluvia y de tratamiento de aguas residuales de La Fábrica trabajan en conjunto para, en circunstancias idóneas, permitir un funcionamiento independiente de la red urbana y derivar cualquier excedente al subsuelo.

After being abandoned for almost three decades, this factory was rediscovered by an architecture studio that saw the potential to convert it into a home.

The structure required an intervention that could both maintain and expand the existing building. The program took shape during the remodeling process, guided by an ongoing assessment of what elements to preserve or restore.

The upper floor needed to be stripped back, similar to Gordon Matta-Clark's style, to remove thick layers of tar and insulation from the former ice factory. The walls were sandblasted to expose the building's underlying structure. Each space now contains remnants of the construction's industrial past: steel columns, pipework, metal walkways and steps, that have been transformed into sculptural features.

The new window on the north façade became the project's emblem and a nod to one of its points of reference: the Pompeia center of Lina Bo Bardi's Serviço Social do Comércio.

The rainwater collection and wastewater treatment systems of La Fábrica work together so that, in ideal conditions, the property can operate off-grid and release surplus water into the subsoil.

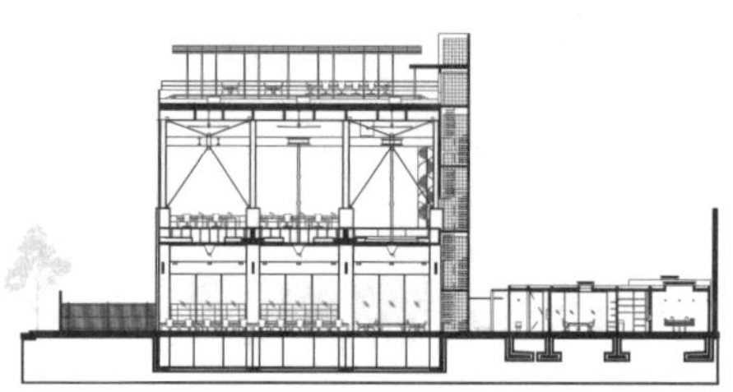

Sección Section

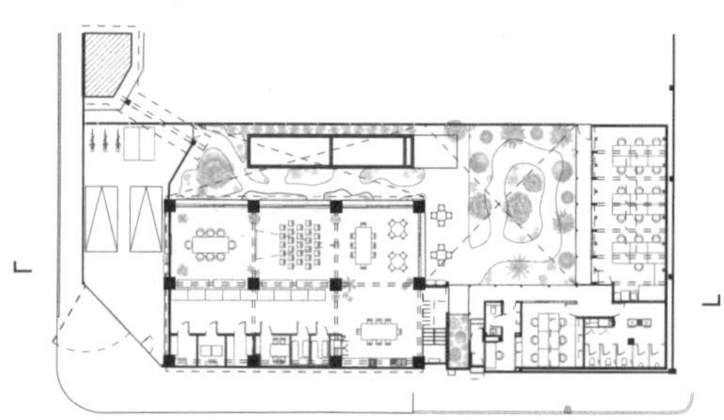

Planta baja Ground floor plan

0 10m

Las Rocas

Ignacio Urquiza y Ana Paula de Alba

MENCIÓN HONORÍFICA HONORABLE MENTION

Categoría Category: **Vivienda unifamiliar**
Single-famiy housing

Autores Authors:
Ignacio Urquiza,
Ana Paula de Alba
Equipo de diseño Design team:
Michela Lostia, Ana Ochoa,
Anet Carmona
Interiores Interiors:
Sacha Bourgarel
Ubicación Location:
Valle de Bravo, Estado de México
Año Year: 2021
Fotografía Photography:
Onnis Luque

El proyecto se encuentra ubicado al norte de La Peña, en un terreno de 6 400 m^2 con grandes formaciones rocosas y vegetación única, como una extensión del área natural protegida con la que colinda.

Las cuatro viviendas del conjunto se componen por módulos que se desplazan libremente en seis direcciones para adaptarse a las condiciones de cada porción de terreno. Volúmenes individuales albergan las áreas funcionales sin tocarse entre sí, conectados por un pasillo que se adapta a ellos en tamaño y forma. La piedra, que recibe sol durante todo el día, lo transmite a los interiores.

Los colores respetan la gama de tonalidades del paisaje. Se utilizaron tres elementos: estuco gris claro, piedra rusticada, y cristal montado sobre delgados canceles alineados a las fachadas, con un efecto espejo que integra las edificaciones aún más en la vegetación y las rocas.

El diseño de interiores es único para cada casa; los objetos son actores secundarios para que la atención se centre en la belleza del paisaje y en su relación especial con la edificación.

This project is situated to the north of La Peña, on a 6,400-square-meter plot with large outcrops and unique vegetation, alongside a nature reserve.

The four homes consist of staggered modules spreading out in six directions to adapt to the conditions of each part of the property. The individual volumes contain the service areas and are completely independent, connected by a passage that adapts to them in size and shape. The stone that absorbs the sun's rays during the daytime radiates warmth in the interiors at night.

The color scheme respects the landscape's chromatic range, using three elements: light gray plaster, rough-hewn stone, and glass set in thin frames flush with the façades, creating a mirror effect that blends the constructions even more effectively into the surrounding rocks and vegetation.

Each house has a unique interior design; the objects are secondary features so that the gaze focuses on the beauty of the landscape and its special relationship with the building.

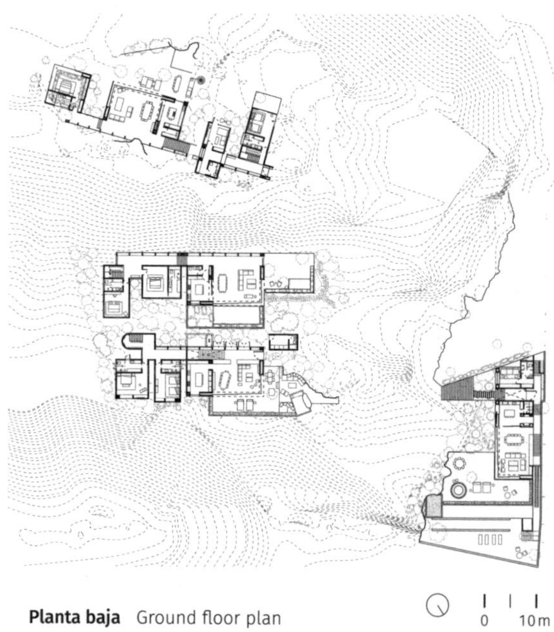

Planta baja Ground floor plan

Ostería del Becco

Sama Arquitectos

MENCIÓN HONORÍFICA HONORABLE MENTION

Categoría Category: **Diseño de interiores e integración plástica** Interior design and integration of visual arts

Autor Author:
Rafael Sama
Equipo de diseño Design team:
Héctor Contreras, Daniel Vélez
Ubicación Location:
Ciudad de México
Año Year: 2021
Fotografía Photography:
Jaime Navarro

Esta casona de la década de 1950 se convirtió en un restaurante que recrea diferentes atmósferas por medio de sus materiales. Tras la pandemia, la Ostería se reinventó: se hicieron modificaciones profundas pero puntuales para ofrecer a los clientes una experiencia segura y una transformación en la imagen que conserva la esencia de la tradición italiana que caracteriza al lugar.

La fachada integra placas de acero que, al girar, dan pequeñas pistas de lo que pasa en el interior e invitan a conocer más mientras enmarcan el volumen de la construcción. El característico muro curvo revive con el recubrimiento, mientras que la terraza frontal invita a comer en el jardín. Un majestuoso horno es el protagonista de la cocina renovada en la que el arte de crear se enmarca por una gran ventana que desde la fachada invita a pasar.

Los muros vestidos con la cava de vidrio dan un sello característico. Los muebles dividen los espacios. El interior se convierte en exterior con el juego entre luces y vegetación que viene desde la cubierta, donde la barra funge como remate visual. En planta alta se encuentran los servicios y una gran cava con una mesa privada en un entorno exclusivo e íntimo.

This 1950s mansion has been transformed into a restaurant that uses a variety of materials to recreate different ambiences. The Ostería underwent a reinvention after the pandemic, making major but timely changes to give customers a safe experience and a new image that maintains the essence of the restaurant's characteristic Italian tradition.

The façade's steel plates rotate, offering visitors subtle hints about what is happening inside, enticing them to explore further while framing the building's structure. The cladding on the distinctive curved wall brings it to life, while the front terrace encourages patrons to eat al *fresco*. A magnificent oven stands out in the renovated kitchen, in which the art of creating is framed by a picture window that welcomes diners inside.

The walls linked with wine bottle racks is another remarkable feature. The furniture divides the spaces, with the interior blending into the exterior through an interplay of lighting and hanging vegetation from the roof, where the bar attracts the gaze. The top floor contains the service areas and a large wine cellar with a private table in an exclusive, intimate setting.

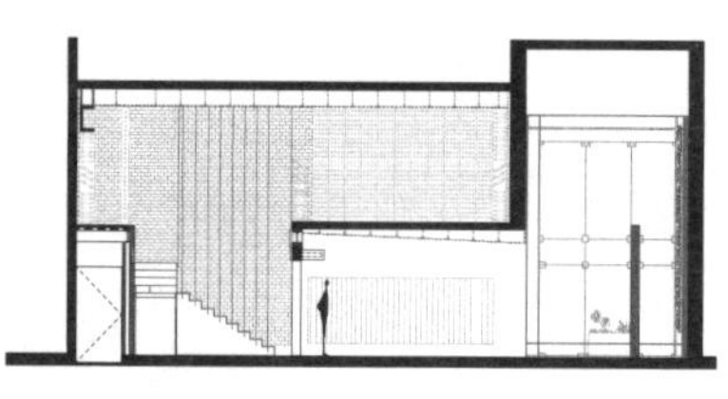

Sección Section

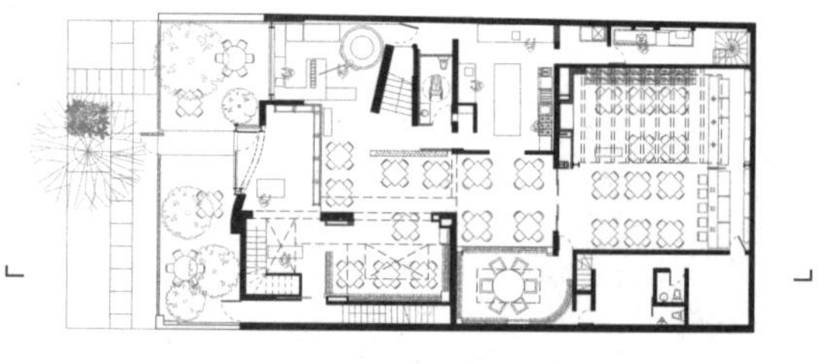

Planta baja Ground floor plan

0 5m

MENCIÓN HONORÍFICA HONORABLE MENTION

Categoría Category: **Diseño de interiores e integración plástica** Interior design and integration of visual arts

Ticuí

JSa

Autores Authors:
Aisha Ballesteros, Benedikt Fahbusch, Javier Sánchez
Equipo de diseño Design team:
Lilia López, Dante García, Nallely Quiñones, Kathia Mendoza
Artesanos y artistas Craftsmen and artists:
Venus y Loco, Taller de Piedra, Taller Nacional, Segundo Aire, Francisco Saavedra, Pavel Paredes, Desserto, Tierra y Tiempo
Ubicación Location:
Madrid, España
Año Year: 2023
Fotografía Photography:
Mari Luz Vidal

Ticuí es la amalgama de gastronomía, artesanía, arquitectura e identidad en el corazón de Madrid encabezado por el chef mexicano Federico Rigoletti.

El taller de arquitectura fue el puente entre la exportación de piezas producidas en México, la colaboración remota para confeccionar componentes en España y el personalizar cada elemento de acuerdo con la normatividad europea. Su primer salón recibe a los comensales con el fulgor del comal de recinto volcánico que reposa sobre la barra fría de granito. La trama del textil de fibras de ixtle y totomoxtle que viste el paramento sur, obra de diestros artesanos oaxaqueños, armoniza con el tejido de las sillas elaboradas por carpinteros de la Ciudad de México.

Un mismo piso de terracota se prolonga hasta el salón posterior. Un patio parcialmente cubierto da cabida al núcleo mixológico del restaurante y ofrece una experiencia de degustación *au plein air* pautada por su floresta tropical e iluminación natural. Los dos ambientes apuntalan una paleta homogénea de materiales naturales que suscitan una atmósfera de placer pausado. Esta premisa se extiende incluso a los murales de cobre perforado —creación del artista Pavel Paredes— en los muros de los baños.

Led by Mexican chef Federico Rigoletti, Ticuí is a unique blend of gastronomy, handcrafts, architecture, and identity, in the heart of Madrid.

The architecture workshop served as a bridge between the export of works produced in Mexico, a remote collaboration to make components in Spain and to personalize each element adhering to European regulations.

In its first dining room, guests are greeted by the glow of the volcanic stone comal sitting atop the cold granite bar. A totomoxtle and ixtle handcrafted Oaxacan fiber textile adorns the south wall, complementing the weaving on the chairs crafted by carpenters from Mexico City.

The indoor clay-tiled floor extends out to the rear dining area. A partially covered courtyard is home to the restaurant's cocktail bar and offers an open-air tasting experience within a tropical glade and bathed in natural lighting. Both areas feature a consistent palette of natural materials, creating a relaxed and inviting atmosphere. This concept extends to the perforated copper murals on the bathroom walls, created by the artist Pavel Paredes.

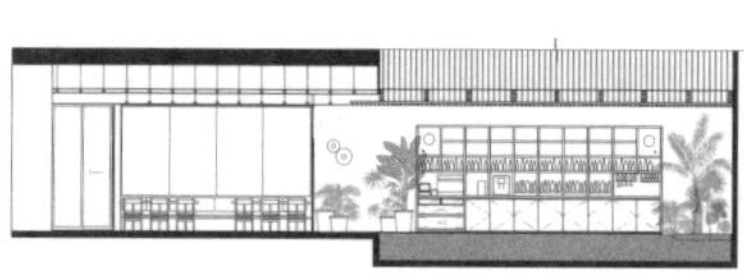

Sección Section

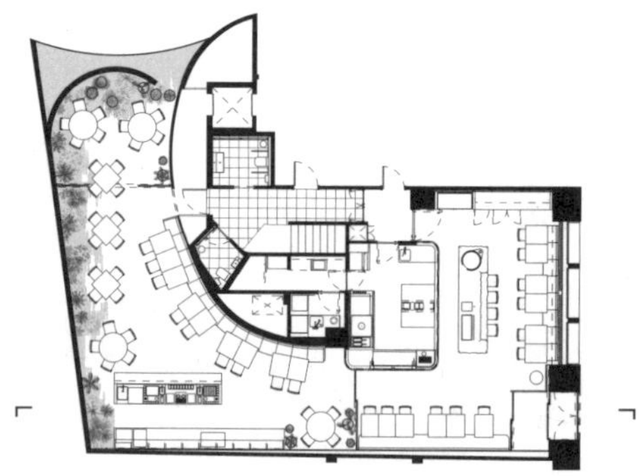

Planta baja Ground floor plan 0 10 m

Publicaciones Publications

PLATA SILVER

Categoría Category: **Publicaciones periódicas / investigaciones**
Journal publications / research

Arte y cultura junto a los hospitales

Los centros de seguridad social del IMSS en el gobierno de Adolfo López Mateos

Este libro debe considerarse como el segundo volumen del titulado *Teatros junto a los hospitales. Los conjuntos de seguridad social del IMSS en la presidencia de Adolfo López Mateos, 1958-1964*, premiado en la Bienal Nacional de Arquitectura Mexicana de la Federación de Colegios de Arquitectos de la República Mexicana 2020. Esta publicación es resultado de una investigación sobre el proyecto de seguridad social del Instituto Mexicano del Seguro Social (IMSS), encabezado por Benito Coquet durante la administración de López Mateos, de 1958 a 1964.

Se sabe que durante este periodo se construyeron los Centros de Seguridad Social con hospitales e instalaciones deportivas y culturales adjuntas. El propósito de la investigación fue averiguar la naturaleza de esta tipología. El resultado fue el conocimiento del proyecto cultural y de asistencia social creado por Coquet, Jorge González Durán y los hermanos Julio y Alejandro Prieto Posada. El proyecto se materializó en la construcción de Centros de Seguridad Social de tamaños variados en prácticamente toda la República.

El presente libro da testimonio de todos los conjuntos y se acompaña con fichas descriptivas y fotografías.

This book could be considered the second part of *Theaters Next to Hospitals: IMSS Health Centers during the Adolfo López Mateos Administration 1958–1964*, which garnered a number of awards during the National Biennial of Mexican Architecture organized by the Federation of Architects' Associations of Mexico in 2020. The publication came out of a study conducted on the Mexican Institute of Social Security (IMSS) healthcare program, headed by Benito Coquet during the López Mateos administration, from 1958 to 1964.

During this period, IMSS Healthcare Centers were being built with hospitals and adjoining cultural and sporting facilities. The object of the study was to define the nature of this building type. Consequently, they learned about a cultural and social assistance project that had been created by Benito Coquet, Jorge González Durán, and the Prieto Posada brothers, Julio and Alejandro. The project led to the construction of IMSS Health Centers of varying sizes practically throughout the country.

The current book offers a glimpse of all these complexes, along with photographs and technical specifications.

Autor Author:
Enrique Xavier de Anda Alanís
Editorial Publisher:
Instituto Mexicano del Seguro Social
Edición y corrección Editing and proofreading:
Ana Margarita Vázquez Ayala
Diseño Design: Rosaura Nieto
Año Year: 2021

marcado el estacionamiento. Si en los hechos este cedió su sitio a la plaza, seguramente se debió a la intervención del jefe del Departamento de Inmuebles y Construcciones quien, para el momento del diseño de este conjunto, ya había decidido incorporar la plaza con las condiciones significativas que ya hemos descrito. En esta situación, la apreciación del conjunto por el espectador-usuario cambió totalmente; al fondo de la plaza (hacia el norte), el cuerpo del hospital con planta baja más cuatro niveles, dejando un espacio abierto hacia su costado poniente donde se colocó la escultura simbólica del IMSS con la placa de la inauguración; sin embargo, la escultura no es la Madonna de Federico Cantú, lo que hace pensar que quizá hubo una primera etapa en la que no se había contratado su colaboración. Al poniente de la plaza, el teatro como cuerpo aislado, sobresaliendo por su dimensión, y el sombreo que seguramente se provocó con la gran marquesina del acceso y los pretiles de escaleras y rampa. El teatro se desplanta sobre una base de piedra aparente que es el tema de los contrastes en el conjunto; hay otros tres cuerpos en la manzana, el hospital que es el más alto y el que sobresale, el de la clínica adosado al anterior y ocupando el flanco oriente, y la barra del centro de seguridad social en el lado poniente. El proyectista trabajó con el asoleamiento y cada fachada de los tres cuerpos abiertos; exceptuando el teatro, ofrece una respuesta particular a la irradiación solar extrema característica de Mexicali, con lo cual se produjeron contrastes de sombras que suponemos muy intensos, a juzgar por la profundidad de los parteluces.

Estéticamente el conjunto es un típico caso de funcionalismo desarrollado en México, como se presentó en la gran mayoria de los edificios proyectados por el IMSS. Prismas de origen cuadrangular extendidos en sentido horizontal; trabajo de composición en fachadas a partir de la distribución y agrupamiento de ventanas; la estructura de columnas sirvió como recurso plástico, como es el caso de la clínica, en donde, en la planta baja, se dejaron las columnas vistas al modo del *pilotis* de Le Corbusier. Los materiales de acabado final a través de su apariencia natural intervienen en el discurso plástico con su color, textura y forma, como en el caso de la celosía hexagonal de barro. Si bien la condición arquitectónica internacional del segundo cuarto del siglo XX fue el rechazo al ornato con adiciones ajenas a la estructura arquitectónica, hubo en cambio en la arquitectura mexicana una realización de gran calidad apoyada en la proporción de elementos en fachada, escalas métricas muy bien logradas y combinaciones ópticamente sobresalientes, con el mérito de no haber contravenido la ubicación de elementos en la planta; esta fue una generación notable de arquitectos, como la anterior, que hizo las escuelas del CAPFCE, y los hospitales de la Secretaría de Salubridad y de la Ciudad Universitaria.

La simbología del espacio abierto en el conjunto es la que priva en todos los complejos del IMSS: la acogida al usuario dejando ver que además de la atención de la salud hay otras dependencias, que no son de menor superficie y que ofrecen apoyo a la armonía familiar. No hay campos deportivos ni tampoco la generosidad de área jardinada de otras unidades; como materiales de acabado en las fachadas, en las fotos se aprecia loseta rectangular, quizá vidriada, colocada en sentido vertical, piedra bola en aparejo rústico, celosía de barro y parteluces, seguramente de concreto, formando crucetas con el cristal de la ventana al fondo. La escultura simbólica del IMSS se aprecia labrada en piedra, con un sentido más expresionista que naturalista.

- Foto 14
- Aguascalientes. Conjunto en Aguascalientes.
- Maqueta del proyecto.
- Tomada del libro: La seguridad social en México. Tomo 5.
- Archivo: Enrique X. de Anda Alanís.

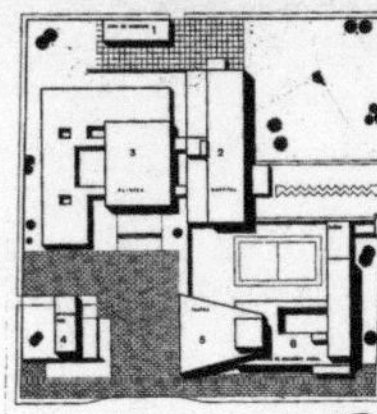

1. Casa de máquinas.
2. Hospital.
3. Clínica.
4. Oficinas administrativas.
5. Teatro.
6. Centro de seguridad social.

- Foto 15
- Aguascalientes. Conjunto en Aguascalientes.
- Planta del conjunto.
- Tomada del libro: La seguridad social en México. Tomo 5.
- Archivo: Enrique X. de Anda Alanís.

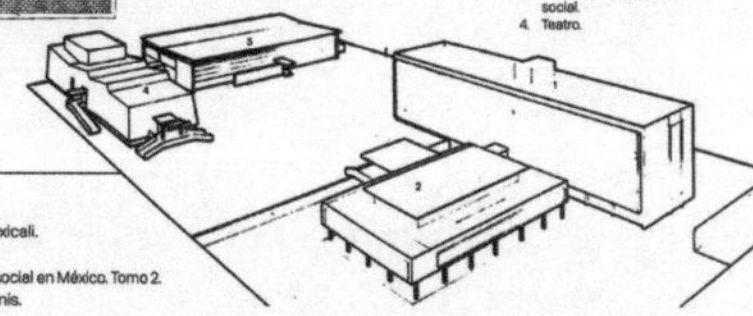

1. Hospital.
2. Clínica.
3. Centro de seguridad social.
4. Teatro.

- Foto 16
- Baja California. Conjunto en Mexicali.
- Axonométrico del conjunto.
- Tomada del libro: La seguridad social en México. Tomo 2.
- Archivo: Enrique X. de Anda Alanís.

- Foto 38
- Ciudad de México. Conjunto Legaria.
- Fachada de acceso.
- Tomada del libro: La seguridad social en México. Tomo 4.
- Archivo: Enrique X. de Anda Alanís.

- Foto 39
- Ciudad de México. Conjunto Legaria.
- Acceso al teatro.
- Tomada del libro: La seguridad social en México. Tomo 4.
- Archivo: Enrique X. de Anda Alanís.

4. Conjunto Tepeyac (fotos 40, 41 y 42). Si bien Legaria destaca por haber privilegiado la posición de los edificios de seguridad social, el Tepeyac fue de los pocos casos en todo el país de un conjunto dedicado solamente a las tareas de seguridad social para mujeres, no hay clínica ni hospital ni club social usualmente destinado a los varones y tampoco área deportiva. El terreno adquirido por el IMSS es una faja longitudinal con tres linderos hacia la Calzada de Guadalupe; en la cabecera, el cuerpo del teatro con 720 butacas, uno de los más grandes del sistema creado por el IMSS. Sobre el eje se colocaron los edificios que ocupan una superficie construida de 5,877 m^2. El conjunto fue inaugurado el 28 de marzo de 1960, y no hay duda de la jerarquía que ocupa el teatro dentro del programa, no solo por la dimensión del edificio, sino porque su fachada de acceso lo es prácticamente al conjunto, al ocupar una cabecera del lote crea el acceso de los usuarios. El programa de este centro fue muy amplio: 34 locales entre aulas y talleres, seis aulas para cultura general (Historia, Civismo, Geografía, etcétera), 12 aulas para prácticas domésticas como corte y confección, bordado a máquina, juguetería; tres salones para enseñanza de dietética, cocina y repostería; tres aulas para higiene, prevención social y prácticas de cuidados médicos; tres salones para cultura de belleza, tres salones para danza, un patio para gimnasia, un local para estancia y práctica de tejidos, un local para la cooperativa, biblioteca y sala para juegos. Había también una estancia infantil para 98 niños, hijos de las socias, mientras estas desarrollaban sus prácticas; una estancia con tres secciones: pre-escolares, escolares y lactantes. Además del teatro se colocó una sala de conferencias para 108 personas. Este podría ser el prototipo de programa de actividades que resolvía el concepto político de la seguridad social iniciada en el seno familiar y dirigido a la mujer.

1. Centro de seguridad social.
2. Teatro.

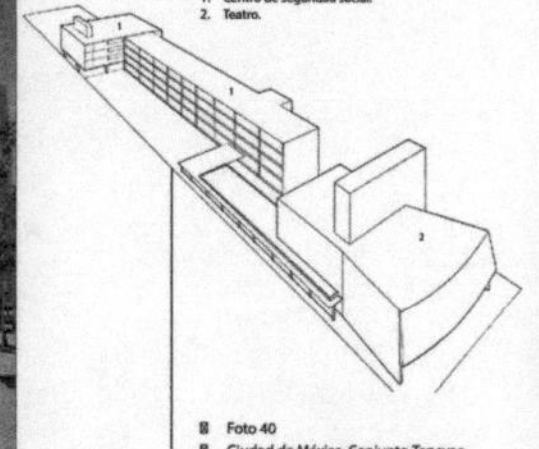

- Foto 40
- Ciudad de México. Conjunto Tepeyac.
- Axonométrico del conjunto.
- Tomada del libro: La seguridad social en México. Tomo 4.
- Archivo: Enrique X. de Anda Alanís.

- Foto 41
- Ciudad de México. Conjunto Tepeyac.
- Vista del conjunto.
- Tomada del libro: La seguridad social en México. Tomo 4.
- Archivo: Enrique X. de Anda Alanís.

PLATA SILVER

Categoría Category: **Monografías** Monographs

Ciudad Independencia
Seguro Social

El 20 de septiembre de 1960 se inauguró en la Ciudad de México uno de los proyectos de vivienda más importantes de la modernidad latinoamericana: la Unidad Independencia de Servicios Sociales y de Habitación. Construida por el Instituto Mexicano del Seguro Social y diseñada por un equipo interdisciplinario de arquitectos, planificadores y artistas plásticos liderado por Alejandro Prieto y José María Gutiérrez, el conjunto encontró una manera novedosa y radical de hacer vivienda en un contexto político, económico e ideológico profundamente complejo y contradictorio. Además de las 2 235 unidades residenciales repartidas en tres tipologías —casas unifamiliares, edificios multifamiliares y torres de departamentos—, la propuesta contempló un ambicioso programa de espacios cívicos, educativos, comerciales, culturales, deportivos y de salud, enmarcados por una vasta red de parques, jardines, plazas y juegos infantiles. En medio de las crisis habitacionales contemporáneas, este proyecto nos recuerda que otra vivienda es posible y que existen maneras más humanas e integrales de gestionar, planear, diseñar y construir nuestros asentamientos.

On September 20, 1960, a major housing project—based on the Latin American modern style—was inaugurated in Mexico City. Known as the Independence Housing and Social Services Center, it was commissioned by the Mexican Institute of Social Security (IMSS) and designed by an interdisciplinary team of architects, urban planners, and visual artists, led by Alejandro Prieto and José María Gutiérrez. Within a profoundly complex and contradictory political, economic, and ideological context, this group of experts managed to come up with a radically different way of developing homes. Divided across three housing types (single-family homes, multi-family buildings, and apartment blocks), a total of 2,235 residential units were built, along with public spaces, including commercial, cultural, educational, sporting, and healthcare facilities, which were surrounded by parks, gardens, squares, and playgrounds. Today, amid the current housing crisis, this project reminds us that other types of housing are possible and that there are indeed more dignified and integrated ways to manage, plan, design, and build homes.

Editores Editors:
Rodrigo Durán y Felipe Orensanz
Textos Texts:
Julia Gómez, Rodrigo Hidalgo, Juan Carlos Cano, Arais Reyes, Lourdes Cruz, Lucía Martín, Analú Berea, Bárbara García, Yael González, Paulina Lomelí, Enrique X. de Anda, María Rosa Gudiño, Paola López, Carlos Ríos, Aldo Solano, Francisco Aldana, Louise Noelle, Mario Alejandro Gaytán
Editorial **Publisher:** Arquine
Diseño **Design:** José Luis Lugo
Corrección **Proofreading**: Isaura Leonardo, Luis Bernardo Pérez
Año **Year:** 2022

02 UNA GRAN CIUDAD COMO TANTAS DEL MUNDO

Rodrigo HIDALGO

Al comenzar la década de 1960, cuando nacía la Unidad Independencia, la Ciudad de México atravesaba una época de grandes contrastes sociales. En el contexto del llamado "milagro mexicano" la estabilidad económica permitió emprender una serie de obras que cambiaron por completo los antiguos barrios y colonias de la ciudad. Unidades habitacionales, parques, mercados y otros edificios públicos abrieron nuevos puntos de encuentro e identidad que ofrecieron nuevas alternativas de vivienda, abasto y esparcimiento. A la vez, vías rápidas y pasos a desnivel fragmentaron el tejido urbano para dar paso libre al automóvil, creando o ensanchando fronteras que suelen persistir hasta nuestros días. El costo de ese progreso –que no logró terminar con la desigualdad y la marginación– también se vio reflejado en los levantamientos populares, como la represión que enfrentaron los ferrocarrileros, los maestros y los médicos, y que sería la antesala del movimiento estudiantil de 1968.

En el libro *Ciudad de México 1952-1964*, que presentaba un compendio de los sexenios de Adolfo Ruiz Cortines y Adolfo López Mateos, Baltasar Dromundo definía aquel periodo de la siguiente manera: "Se trata de la conversión de una apacible y señorial ciudad, de sabor todavía hace poco provinciano, en una gran metrópoli moderna y dinámica, la cual al

PLATA SILVER

Categoría Category: **Memorias / compilaciones**
Memoirs / compilations

Israel Katzman
Entrevistas | Imágenes de su archivo de arquitectura mexicana del siglo XIX

Israel Katzman (1930-2021) fue un arquitecto muy respetado por su labor como historiador y sus textos acerca de la producción edilicia de los siglos XIX y XX son fundamentales para la historiografía arquitectónica. Después de publicar *Arquitectura contemporánea mexicana*, en 1963, dirigió su interés intelectual hacia un terreno prácticamente inexplorado: la arquitectura del siglo XIX. Israel se dio a la tarea de crear un archivo fotográfico para documentar la producción de ese periodo.

Con una pequeña parte del material del archivo de casi 14 000 imágenes, publicó *Arquitectura del siglo XIX en México*, en 1973, que era el primer volumen de un plan de diez libros dedicados a diversos géneros de edificios de la época. Desafortunadamente, el proyecto inicial no pudo culminarse.

De ese famoso archivo, del que mucho se habla y poco se conoce, se eligió una pequeña muestra para apreciar la calidad e importancia de su contenido. Ahí se pueden valorar las cualidades de Israel como fotógrafo. Los autores prefirieron mostrar imágenes que no aparecen en sus libros en dimensiones que permiten apreciar su calidad.

Israel Katzman (1930–2021) was an architect who was equally respected for his work as a historian, having produced books on 19th and 20th-century architecture that are foundational in the literature on Mexican architecture.

After publishing *Arquitectura contemporánea mexicana* in 1963, he decided to focus his intellectual curiosity on a virtually unexplored topic: 19th-century Mexican architecture. For the task, Israel took photographs of architecture from the 1800s and created a collection as a way of documenting the architecture of that period.

From this collection of close 14,000 images, in 1973, Israel published only a small selection in *Arquitectura del siglo XIX en México*, a book that was meant to be the first of a series of ten volumes, each one dedicated to a particular building type from that era. Unfortunately, the series was never completed.

The authors have selected a sample of photographs from this now famous—much talked about but widely unknown—collection that exemplifies the quality and importance of its content and offers a glimpse of Israel's talent as a photographer. They also chose to include images that do not appear in Israel's books and in a larger format to illustrate their high quality.

Investigación, curaduría, edición, y diseño
Research, curatorship, editing and design:
Alejandro Aguilera y
Mariana Aguilera
Transcripción Transcriptions:
María Fernanda Castelán,
Mónica Mancera
Supervisión Supervision:
Daniela Díaz Blancarte

Seminario Conciliar, después cuartel militar
Guadalajara, Jalisco

Hacia 1899
Ing. Antonio Marroníz

Catedral
Leon, Guanajuato

Inicio en 1760 - terminación 1855-1897

Entrada al atrio de la Iglesia del Sacratísimo Corazón de Jesús y del Corazón de María
Puebla, Puebla

1854-1860

MENCIÓN HONORÍFICA HONORABLE MENTION

Categoría Category: **Memorias / compilaciones**
Memoirs / compilations

Acalli Aotli: Camino del agua
Memorias de Canal Nacional

El Acalli Aotli, camino para canoas, hoy denominado Canal Nacional, es quizá el cauce activo más antiguo del continente americano y parte de la herencia prehispánica y lacustre de la Ciudad de México. Este documento es una de las tantas memorias de las múltiples voces del Canal Nacional y es un reconocimiento a los residentes y las asociaciones civiles que han trabajado durante años para conservarlo.El programa Residencia Semilla se llevó a cabo en el marco de las actividades anunciadas en torno al nombramiento de la Ciudad de México como Capital Mundial del Diseño CDMX 2018. Se convocaron 30 vecinos, arquitectos, diseñadores y urbanistas de México, Guatemala, Colombia y Brasil para trabajar en sitio durante casi dos semanas, y se creó un sistema de proyectos a corto, mediano y largo plazo que contribuyera al rescate y salvaguarda del Canal Nacional.

El proyecto ha sido merecedor de reconocimientos como el World Monuments Fund y fue uno de los 25 lugares enlistados en World Monuments Watch 2020, una selección bienal de sitios de patrimonio cultural en riesgo que combinan importancia histórica e impacto social actual.

Originally called the Acalli Aotli and transited by canoes, today this waterway is known as the National Canal. As a legacy from pre-Hispanic times, it is the most ancient active canal in Mexico City and perhaps in the Americas.

This account is one of many that document the plethora of voices found along the canal and it recognizes the residents and civil associations that have worked long and hard to preserve it.

The Seed Residency (Residencia Semilla) program was part of a series of activities organized in 2018 when Mexico City was nominated the World Design Capital. Some 30 local architects, designers, urban planners and neighbours from Guatemala, Colombia, Brazil, and Mexico were invited to work onsite for almost two weeks, to create a series of short-, medium- and long-term projects for the waterway's protection and preservation.

The National Canal has been recognized by the World Monuments Fund and was included on the 2020 World Monuments Watch, a list of 25 at-risk cultural heritage sites that have historical significance and an impact on the current local community.

Autor Author: Marco Coello
Coordinación editorial
Editorial coordination:
Marco Coello, Tatiana Alcázar
Editorial **Publishing house:**
Semana del Diseño
Año **Year:** 2022

MENCIÓN HONORÍFICA HONORABLE MENTION

Categoría Category: **Tesis de licenciatura, maestría, y doctorado** Undergraduate, master's and PhD theses

Construcción y uso de los complejos conventuales de Huejotzingo y Tzintzuntzan

La arquitectura como escenario de las negociaciones e intercambios culturales hispano-indígenas

Universidad Nacional Autónoma de México
Programa de Maestría y Doctorado en Arquitectura

Construcción y uso de los complejos conventuales de Huejotzingo y Tzintzuntzan. La arquitectura como escenario de las negociaciones e intercambios culturales hispano-indígenas.

Tesis
que para optar por el grado de
Doctor en Arquitectura

Presenta:
Pedro Alfonso Muñoz Sánchez

Tutor principal
Dr. Ricardo Ignacio Prado Núñez
Facultad de Arquitectura

Miembros del comité tutor
Dra. Martha Raquel Fernández García
Instituto de Investigaciones Estéticas

Dra. Berenice Alcántara Rojas
Instituto de Investigaciones Históricas

Ciudad Universitaria, CDMX. Diciembre de 2022.

Este trabajo buscó reinterpretar la participación indígena en la construcción de la arquitectura novohispana del siglo XVI, en específico en los complejos conventuales de Huejotzingo, Puebla, y Tzintzuntzan, Michoacán. Se planteó una metodología en tres pasos. Primero se hizo una revisión teórica de los conceptos que se han utilizado para describir esta arquitectura, después se estudiaron ambos conjuntos desde una perspectiva histórica para entender su desarrollo en cada campaña constructiva, y por último se analizó el estado actual de los edificios a partir de su materialidad —sistemas y tecnologías constructivas, materiales— y su morfología —programa arquitectónico, necesidades funcionales y simbolismo de los espacios arquitectónicos—.

Para generar conocimiento nuevo, el autor recurrió a fuentes de información poco aprovechadas hasta ahora para el estudio de la arquitectura, como códices, anales de pueblos indígenas, testamentos, censos, etcétera. por eso fue necesaria una aproximación transdisciplinaria, en la que se pudo reconocer la mirada de la comunidad indígena del siglo XVI durante el proceso de construcción para incluir la perspectiva particular de las personas que habitaron los espacios arquitectónicos que se estudiaron.

This study seeks to offer a fresh look at how the indigenous population was involved in the construction of colonial architecture of the 16th century, and specifically that of the monasteries of Huejotzingo, Puebla, and Tzintzuntzan, Michoacán. To this end, a three-step methodology was applied. The first stage involved a theoretical review of the concepts used to describe this architectural form. The second consisted of an assessment of these monasteries from a historical perspective as a way of understanding how each architectural project was developed. And lastly, the current state of these structures was examined from two perspectives: their materials (construction technology, systems, and materials) and their morphology (architectural planning, functional needs, and symbolism behind the architectural space).

Resources that are rarely used in the field of architectural research—such as historical records of indigenous settlements, documents such as wills and censuses—were exploited to shed light on the topic, in addition to ancient codices. By implementing a transdisciplinary approach, the author was able to explore the particular perspective of the indigenous peoples who inhabited these spaces in the 16th century, when these monasteries were built.

Autor Author: Pedro Alfonso Muñoz Sánchez
Tutor Principal First Tutor: Dr. Ricardo Ignacio Prado Núñez
Grado Degree: Doctorado en Arquitectura
Institución Institution: UNAM
Año Year: 2022

MENCIÓN HONORÍFICA HONORABLE MENTION

Categoría Category: **Material didáctico** Teaching materials

Diseño arquitectónico
Jugando geometría

Para los arquitectos, la geometría es tan importante como el lenguaje escrito para el escritor. Por medio de ella, los arquitectos se expresan y generan su obra. Hacer composiciones sin tomar en cuenta sus principios no conduce a productos arquitectónicos.

Si bien la arquitectura contempla importantes aspectos de interpretación abstracta, se fundamenta en elementos de diseño medibles y concretos, como ejes compositivos, directrices visuales, armonía, contraste, ritmo, jerarquía y tipos espaciales, que permiten a los arquitectos expresar sus ideas..

El manejo de formas en todos sus aspectos, la aplicación de materiales y tecnologías, la relación con el entorno natural o urbano, todo persigue el objetivo de delimitar lugares para habitarlos o utilizarlos de alguna manera. La plástica está al servicio del espacio. Esto incluye los espacios exteriores, que se deben aprender a estructurar. Cuando circulamos o usamos algún recinto, recibimos estímulos para todos los sentidos, entonces captamos la verdadera esencia de la arquitectura.

Este libro trata de proveer herramientas de diseño para enfrentar cualquier ejercicio y canalizar las inquietudes creativas con un lenguaje primordialmente gráfico.

Geometry for architects is like the written word for writers. It is paramount. Through geometry, architects can find their voice and create works of art. And if the principles of geometry are not applied when designing an architectural project, all efforts will be in vain.

Although architecture encompasses key elements of abstract interpretation, it must always be founded on tangible and measureable design: compositional axes, visual guidelines, harmony, contrast, rhythm, hierarchy and basic space types, through which architects can express their ideas.

The handling of forms in all their facets, the use of materials and technologies, and the relationship with natural and urban environments, everything must adhere to the goal of defining spaces that can be inhabited or serve a particular purpose. Artistic methods used for the design of space. This idea also applies to outdoor settings, which architects must learn how to sculpt as well. Each particular space emits signals that are absorbed by the five senses. When we receive these signals, we are connecting to the architecture's true essence.

This book attempts to provide design tools to help architects tackle any task and to channel their creative concerns through a fundamentally visual language.

Autor Author:
Mario Martínez Valdez
Diseño Design:
Rogelio Isaí Castillo Gómez,
David Alcántara Domínguez
Año Year: 2022

MENCIÓN HONORÍFICA HONORABLE MENTION

Categoría Category: **Ensayos** Essays

Mi casa, tu ciudad

Privacidad en un mundo compartido

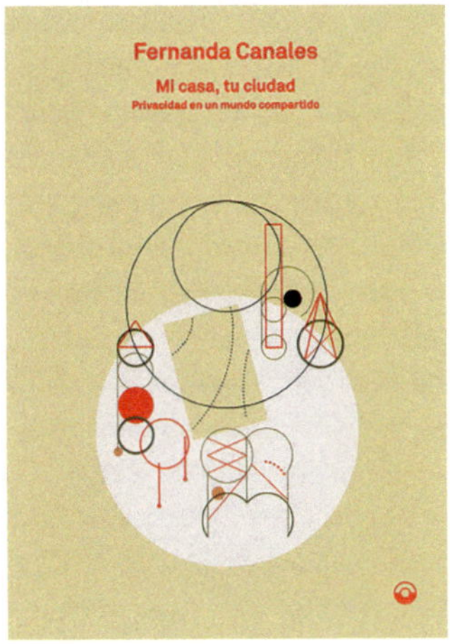

Por medio de proyectos, exhibiciones y libros, Fernanda Canales analiza la evolución de la casa en los últimos 200 años en los que se han transformado las formas de habitar a favor de un entendimiento colectivo de la vivienda. *Mi casa, tu ciudad* ofrece un recorrido por obras con las que se ha intentado solucionar la vida entera en un puñado de metros cuadrados al desafiar los límites entre lo público y lo privado. Este recuento revela la vastedad del universo de lo doméstico y lo que está en juego al imaginar mundos propios que también son mundos para los demás, y expande el significado de *casa* en oposición a tres supuestos erróneos: como lugar de descanso separada del trabajo, como objeto de propiedad privada y como santuario de la familia nuclear. En cambio, se enuncia a favor de otros formatos de pertenencia, convivencia y uso.

La investigación de más de diez años refleja una revisión exhaustiva de proyectos de vivienda colectiva en distintas partes del mundo que han definido el sentido de privacidad y pertinencia en nuestras ciudades contemporáneas. La arquitecta describe los conjuntos residenciales que constituyen verdaderos relatos de la existencia humana, de vidas atrapadas entre muros y discursos de arquitectos que casi nunca han habitado los espacios que han ideado.

Through book publications, exhibitions and architectural projects, Fernanda Canales explores how homes have evolved over the last 200 years, and how these years have transformed the way in which we inhabit our homes, in an effort to gain a sense of the overall evolution in housing. *My Home, Your City* explores the architectural works that have not only attempted to resolve life's demands within a few square meters, they push the boundaries between public and private spaces. And it is in this exploration that we see how vast the residential sphere really is and what is at stake when we create our own worlds, which are also the worlds of others. Fernanda's work broadens the meaning of "home," beyond the three largely outdated definitions: as a place of rest, separate from work; privately owned, and not shared; and aimed at the traditional family nucleus. As they have evolved, homes have been adapted to new understandings of use, interaction, and ownership.

After over a decade of research, Canales provides an exhaustive survey of the collective housing projects found throughout the world, projects that have defined our understanding of privacy and ownership, as reflected in today's cities. The architect describes the residential complexes that constitute the real stories of the human experience and of the lives trapped by the walls and the rhetoric of architects who have rarely lived in the spaces they create.

Autor Author:
Fernanda Canales
Diseño Design: RafamateoStudio
Revisión Proofreading:
Iñaki Domínguez Gregorio
Editorial Publisher:
Puente Editores
Año Year: 2021

Transformación urbana

MENCIÓN HONORÍFICA HONORABLE MENTION

Categoría Category: **Publicaciones periódicas / Investigaciones** Journal publications / research

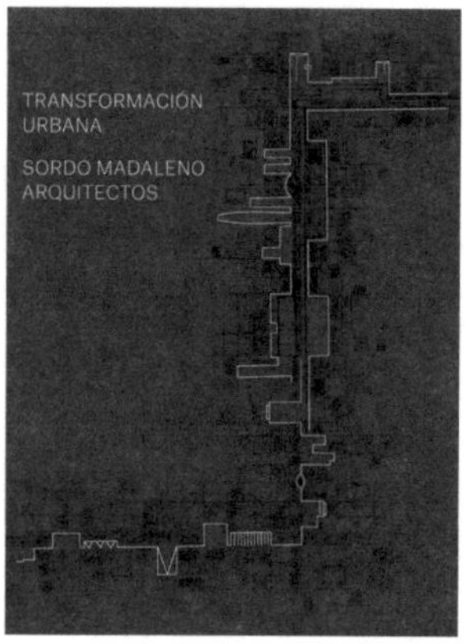

La publicación reúne fotografías, planos, anécdotas y material que resguarda el Archivo Histórico de la Fundación Sordo Madaleno, y 16 ensayos a cargo de investigadores y críticos de arquitectura.

El libro documenta con material inédito del archivo histórico de la firma los proyectos clave de tres generaciones: Juan Sordo Madaleno (1916-1985), su hijo Javier Sordo Madaleno Bringas (1956) y sus nietos Javier (1985), José Juan (1986) y Fernando Sordo Madaleno de Haro (1991).

Como retrato y retrospectiva de las fuerzas que han cambiado las ciudades y la vida cotidiana de México, este volumen expone la interacción dinámica entre el trabajo arquitectónico de Sordo Madaleno y las tendencias culturales que han modificado instituciones, ciudades y paisajes. El libro recalca el constante progreso de un enfoque arquitectónico y un compromiso que han guiado a varias generaciones de arquitectos mexicanos.

El libro complementa la exposición del mismo nombre en el Palacio de Cultura Citibanamex-Palacio de Iturbide, curada por Barry Bergdoll, editor de este volumen, miembro del jurado del Premio Pritzker, profesor de la Universidad de Columbia y curador en jefe de Arquitectura y Diseño del Museum of Modern Art de Nueva York.

This publication offers a collection of photographs, blueprints, anecdotes, and other materials preserved in the historical archives of the Sordo Madaleno Foundation, along with 16 essays written by architectural researchers and critics.

Based on new findings from the firm's historical archive, this book documents the key projects carried out by three generations of architects: Juan Sordo Madaleno (1916–1985), his son Javier Sordo Madaleno Bringas (1956) and his grandsons Javier (1985), José Juan (1986), and Fernando Sordo Madaleno de Haro (1991).

A retrospective of the efforts that have revolutionized the cities and ways of life in Mexico, this volume explores the dynamic interaction between the architectural work of Sordo Madaleno Arquitectos and the cultural tendencies that have transformed Mexico's cities, institutions, and landscapes. This book highlights the gradual development of the importance of architecture and the commitment that has guided many generations of Mexican architects.

The book was accompanied by an exhibition, *Transformación Urbana (Shaping Transformation)*, held at the Citibanamex Cultural Palace or the Palace of Iturbide and curated by Barry Bergdoll—jury member of the Pritzker Prize, professor at Columbia University, chief curator in the Department of Architecture and Design at the Museum of Modern Art in New York, and editor of this publication.

Autor Author:
Sordo Madaleno Arquitectos
Editor Editor: Barry Bergdoll
Editorial Publisher: Turner
Textos Texts: Eduardo Alarcón, Vera Simone, Jose Castillo, Felipe Correa, Lourdes Cruz, Catherine R. Ettinger, Kenneth Frampton
Consultoría Consulting:
Sara Topelson
Año Year: 2023

Participantes Participants

Vivienda unifamiliar | Single-family housing

Parque Vía
SOA Soler Orozco Arquitectos
Ciudad de México, 2022
Postuló Submitted by:
Arq. Alan David Orozco Martínez

Casa Escondida
grupoarquitectura
Ciudad de México, 2022
Postuló Submitted by:
Arq. Daniel Álvarez Fernández

Intervención Habitacional SQ
Método Arquitectos
Ciudad de México, 2021
Postuló Submitted by:
Arq. María José Villarreal Ordóñez

Las Rocas
Ignacio Urquiza y Ana Paula de Alba
Valle de Bravo, Estado de México, 2021
Postuló Submitted by:
Arq. Ignacio Urquiza Seoane

Casa Tropical
Jaque Studio
Tulum, Quintana Roo, 2022
Postuló Submitted by:
Arq. Jesús Guillermo Acosta Martínez

Copas
PPAA
Valle de Bravo, Estado de México, 2023
Postuló Submitted by:
Arq. Pablo Pérez Palacios

Casa San Martín
Manuel Cervantes Estudio
Valle de Bravo, Estado de México, 2022
Postuló Submitted by:
Arq. Manuel Cervantes Céspedes

Casa Zilin
Taller Gabriela Carrillo
Valle de Guadalupe, Baja California, 2023
Postuló Submitted by:
Arq. Gabriela Carrillo Valadéz

Casa Amacampo

Servicios DUA, S.C.
Ciudad de México, 2023
Postuló Submitted by:
Arq. Jorge Alcocer Warnholtz

Casa Mola

estudio atemporal
Valle de Bravo, Estado de México, 2022
Postuló Submitted by:
Arq. Paul Curuchet

Casa Gardenia

estudio atemporal
San Simón el Alto, Estado de México, 2022
Postuló Submitted by:
Arq. Paul Curuchet

Pabellón del Lago

HEMAA
Salazar, Estado de México, 2023
Postuló Submitted by:
Arq. José Faisond Castro

Casa Parapente

HDA HECTOR DELMAR
Valle de Bravo, Estado de México, 2023
Postuló Submitted by:
Arq. Héctor Delmar

Vivienda multifamiliar | Multi-family housing

Conjunto Juan de la Barrera

JSa
Ciudad de México, 2022
Postuló Submitted by:
Arq. Javier Sánchez Corral

Pedre

JSa
Ciudad de México, 2022
Postuló Submitted by:
Arq. Javier Sánchez Corral

ICON San Ángel

BRAG Arquitectos
Ciudad de México, 2022
Postuló Submitted by:
Arq. Cristian Aguilar Gutiérrez

Zuno

CRAFT Arquitectos
Guadalajara, Jalisco, 2022
Postuló Submitted by:
Arq. Alan Rahmane Azar

Core

CRAFT Arquitectos
Huixquilucan, Estado de México, 2022
Postuló Submitted by:
Arq. Alan Rahmane Azar

Turin 42

Pedro&Juana
Ciudad de México, 2022
Postuló Submitted by:
Arq. Ana Paula Ruiz Galindo Gutiérrez

The Village

Sordo Madaleno
Playa del Carmen, Quintana Roo, 2022
Postuló Submitted by:
Arq. Javier Sordo Madaleno Bringas

Experimento Vertical EAP

Método Arquitectos
Ciudad de México, 2022
Postuló Submitted by:
Arq. María José Villarreal Ordóñez

Edificio Antonio Maceo

Taller Héctor Barroso
Ciudad de México, 2021
Postuló Submitted by:
Arq. Héctor Barroso Riba

Casa Santos

María Gómez + Hector Coss + Giovanni Ocampo
Todos Santos, Baja California Sur, 2022
Postuló Submitted by:
Arq. María Gómez

Providencia 721

Guillermo Suárez Arquitecto
Ciudad de México, 2022
Postuló Submitted by:
Arq. Guillermo Suárez Almazán

Camargo 31

Toledo Arquitectos S.A. de C.V.
Ciudad de México, 2021
Postuló Submitted by:
Arq. Alonso Miguel Toledo Díaz

Vivienda de interés social y producción social asistida | Low-income and social housing

Vivienda Rural San Nicolás

Manuel Cervantes Estudio
Estado de México, 2022
Postuló Submitted by:
Arq. Manuel Cervantes Céspedes

Vivienda temporal para trabajadores - Tierras

Manuel Cervantes Estudio
Palenque, Chiapas, 2022
Postuló Submitted by:
Arq. Manuel Cervantes Céspedes

Salud | Health

Albergue Nican Mocal

Anónima Arquitectura
San Andrés Cholula, Puebla, 2021
Postuló Submitted by:
Arq. Erik Alfonso Carranza López

Educación | Education

Área educativa y centro de atención al visitante

TEAM 730 Taller de Estudios y Análisis Metropolitanos
Ciudad de México, 2021
Postuló Submitted by: Arq. José Muñoz Villers

Telesecundaria Alejandro García

Anónima Arquitectura
San Andrés Cholula, Puebla, 2021
Postuló Submitted by:
Arq. Erik Alfonso Carranza López

Yeshivá Kéter Torá

Arco Arquitectura Contemporánea
Ciudad de México, 2021
Postuló Submitted by:
Arq. José Lew Kirsch

Centro de Formación y Profesionalización Docente

Ken Construcciones
Ciudad de México, 2022
Postuló Submitted by: Arq. Matías Martínez Martínez

Colegio OLAMÍ ORT

Arco Arquitectura Contemporánea
Ciudad de México, 2021
Postuló Submitted by:
Arq. José Lew Kirsch

Laboratorio de Análisis de Información Geográfica

Dirección General de Obras y Conservación UNAM
Morelia, Michacán, 2023
Postuló Submitted by: Arq. Fernando Tepichín Jasso

Biblioteca Francisco López Cámara

Dirección General de Obras y Conservación UNAM
Cuernavaca, Morelos, 2023
Postuló Submitted by:
Arq. Fernando Tepichín Jasso

Instituto de Investigaciones Jurídicas

Dirección General de Obras y Conservación UNAM
Tijuana, Baja California, 2023
Postuló Submitted by:
Arq. Fernando Tepichín Jasso

ENES JURIQUILLA

Servicios DUA, S.C.
Juriquilla, Querétaro, 2023
Postuló Submitted by:
Arq. Jorge Alcocer Warnholtz

Cultura | Culture

Centro de Cultura Ambiental Chapultepec

ERRE Q ERRE Arquitectura y Urbanismo
Ciudad de México, 2022
Postuló Submitted by:
Arq. Rafael Ponce Ortiz

Museo de Geología

Estudio MMX
Progreso, Yucatán, 2021
Postuló Submitted by:
Arq. Jorge Arvizu Soto

Pabellón Nacional de la Biodiversidad

Fernanda Ahumada
Ciudad de México, 2022
Postuló Submitted by:
Arq. Fernanda Ahumada De Toledo

Centro Cultural Quinta Montes Molina

MATERIA
Mérida, Yucatán, 2022
Postuló Submitted by:
Arq. Gustavo Carmona Muñoz

Centro de Cultura y CADI Tlatenchi

Taller CD
Tlatenchi, Morelos, 2021
Postuló Submitted by:
Arq. Alberto Cejudo Núñez

Pilares Valentín Gomez Farías

a|911
Ciudad de México, 2022
Postuló Submitted by:
Arq. José Castillo Oléa

Museo de la Luz

Dirección General de Obras y Conservación UNAM
LMérida, Yucatán, 2023
Postuló Submitted by:
Arq. Fernando Tepichín Jasso

Unidad de Vinculación Cultural

Dirección General de Obras y Conservación UNAM
Oaxaca, Oaxaca, 2023
Postuló Submitted by:
Arq. Fernando Tepichín Jasso

Pabellón del Encuentro

C Cúbica Arquitectos
Ciudad de México, 2021
Postuló Submitted by:
Arq. Marco Coello Buck

Industria | Industry

Plaza Recreativa EB

Archetonic
Tultutlán, Estado de México, 2023
Postuló Submitted by:
Arq. Jaime Micha Balas

Recreación, servicios, deporte | Recreation, services, sports

Quintas

Archetonic
Cuernavaca, Morelos, 2022
Postuló Submitted by:
Arq. Jaime Micha Balas

Spa de Tepoztlán

SOA Soler Orozco Arquitectos + JSa
Tepoztlán, Morelos, 2021
Postuló Submitted by:
Arq. Alan David Orozco Martínez

Centro Social (CASINO), Cultural y Deportivo, Centro de Desarrollo Comunitario (CDC)

Ken Construcciones
Teapa, Tabasco, 2022
Postuló Submitted by:
Arq. Matías Martínez Martínez

Ecoparque Bacalar

Colectivo C733
Bacalar, Quintana Roo, 2023
Postuló Submitted by:
Arq. Gabriela Carrillo Valadéz

Pilares Iztapalapa

Fernanda Canales
Ciudad de México, 2021
Postuló Submitted by:
Arq. Fernanda Canales

Turismo | Tourism

Four Seasons Resort Tamarindo

Taller Mauricio Rocha + Legorreta Arquitectos
La Huerta, Jalisco, 2023
Postuló Submitted by:
Arq. Mauricio Rocha Iturbide

Comercio, abasto y servicios de transporte | Retail, supply, transport services

Mercado Público Huimanguillo

128 Arquitectura y Diseño Urbano
Huimanguillo, Tabasco, 2021
Postuló Submitted by:
Arq. Fernando Tepichín Jasso

Park Pavilion

MATERIA
San Luis Potosi, San Luis Potosi, 2022
Postuló Submitted by:
Arq. Gustavo Carmona Muñoz

Mercado Municipal de Cosoleacaque
Colectivo MX
Cosoleacaque, Veracruz, 2023
Postuló Submitted by:
Arq. Julio Gabriel Konzevik Cabib

Mercado 22 de Noviembre
RZERO estudio
Tuxtla Gutiérrez, Chiapas, 2022
Postuló Submitted by:
Arq. Alejandro Zárate

Solar Paraíso Lúdico
Coarquitectura
Valle de Bravo, Estado de México, 2021
Postuló Submitted by:
Arq. Ovidio Cuellar Ocampo

Oficina | Offices

G39
ARQMOV Workshop
Ciudad de México, 2022
Postuló Submitted by:
Arq. Eduardo Micha Mizrahi

Torre Helix
CRAFT Arquitectos
Guadalajara, Jalisco, 2022
Postuló Submitted by:
Arq. Alan Rahmane Azar

Oficinas Garrido y Licona
Spazi Función Arquitectónica
Ciudad de México, 2023
Postuló Submitted by:
Arq. Daniel Benjamín Díaz Vidaurri

Torre Avancer
Manuel Cervantes Estudio
San Luis Potosí, San Luis Potosí, 2022
Postuló Submitted by:
Arq. Manuel Cervantes Céspedes

Oficina de Arquitectura

HKS
Ciudad de México, 2023
Postuló Submitted by:
Arq. José Armando Román Mireles

Jardín Anatole

Dellekamp Arquitectos + Jachen Schleich
Ciudad de México, 2022
Postuló Submitted by:
Arq. Derek Dellekamp

Ferrocarril de Cuernavaca 780

HEMAA
Ciudad de México, 2023
Postuló Submitted by:
Arq. José Faisond Castro

Talleres, espacios y estudios | Workshops, firms and studios

Casa Estudio Ave María

bgp arquitectura
Ciudad de México, 2023
Postuló Submitted by:
Arq. Bernardo Gómez-Pimienta

Diseño urbano y recuperación de espacios públicos | Urban design and recovery of public spaces

Sistema de Parques Río de los Remedios

Taller de Urbanismo MX
Ciudad de México, 2023
Postuló Submitted by:
Arq. Elvia Torres Castillo

Rehabilitación Parque Cri-Cri

128 Arquitectura y Diseño Urbano
Ciudad de México, 2022
Postuló Submitted by:
Arq. Fernando Tepichín Jasso

Jardines del Claustro Santa Fe

501 Durán Arquitectos
Guanajuato, Guanajuato, 2022
Postuló Submitted by:
Arq. Luis Miguel Durán López

Canal Nacional: Espacio público donde convergen lo urbano, socioambiental y nuestra historia lacustre

Secretaría del Medio Ambiente
Ciudad de México, 2023
Postuló Submitted by:
Arq. Maritza Hernández Solís

Parque Acoatl

VMA Arquitectos
Ciudad de México, 2023
Postuló Submitted by:
Arq. Víctor Márquez Cravioto

Parque Ciencia Fundadores

VMA Arquitectos
Toluca, Estado de México, 2022
Postuló Submitted by:
Arq. Víctor Márquez Cravioto

Arquitectura del paisaje | Landscape architecture

Showroom Grand Balbuena

501 Durán Arquitectos
Guanajuato, Guanajuato, 2021
Postuló Submitted by:
Arq. Luis Miguel Durán López

Malecón Calderitas

a|911
Calderitas, Quintana Roo, 2023
Postuló Submitted by:
Arq. José Castillo Oléa

Jardín Casa Jendor

Polen Arquitectura de Paisaje
Ciudad de México, 2023
Postuló Submitted by:
Arq. Alejandra De la Cerda Y De la Piedra

Four Seasons Resort Tamarindo
Taller Mauricio Rocha + Legorreta Arquitectos
La Huerta, Jalisco, 2023
Postuló Submitted by:
Arq. Mario Eduardo Schjetnan Garduño

Puerta Maya
Grupo de Diseño Urbano
Mérida, Yucatán, 2023
Postuló Submitted by:
Arq. Mario Eduardo Schjetnan Garduño

Restauración | Restoration

Casa Palma
Boué Arquitectos
Ciudad de México, 2021
Postuló Submitted by:
Arq. Gerardo Boué Iturriaga

Rehabilitación Templo San Mateo
Tax Restauración S.A. de C.V.
Valles Centrales, Oaxaca, 2021
Postuló Submitted by:
Arq. Ricardo Ignacio Padro Y Nuñez

Conservación de pinturas murales y vitrales artísticos del Antiguo Colegio de San Ildefonso
Tax Restauración S.A. de C.V.
Ciudad de México, 2022
Postuló Submitted by:
Arq. Ricardo Ignacio Padro Y Nuñez

La Carmela Centro Cultural
Ágora - Diseño y Planeación Urbana
Puebla, Puebla, 2022
Postuló Submitted by:
Arq. Ana Isabel Ruiz Remolina

Remodelación o reconversión de edificios | Building remodeling or conversions

La Fábrica de Hielo
JSa
Ciudad de México, 2023
Postuló Submitted by:
Arq. Javier Sánchez Corral

Oficinas Morelos
ARQMOV Workshop
Torreón, Coahuila, 2022
Postuló Submitted by:
Arq. Eduardo Micha Mizrahi

Newton 207
ARQMOV Workshop
Ciudad de México, 2022
Postuló Submitted by:
Arq. Eduardo Micha Mizrahi

Parque Ciprés
128 Arquitectura y Diseño Urbano
Ciudad de México, 2023
Postuló Submitted by:
Arq. Fernando Tepichín Jasso

Alfonso Marina Flagship Store
MATERIA
Ciudad de México, 2023
Postuló Submitted by:
Arq. Gustavo Carmona Muñoz

Reconversión Filomeno Mata
Gonzalo Gómez Palacio y Campos
Ciudad de México, 2022
Postuló Submitted by:
Arq. Gonzalo Gómez-Palacio Y Campos

G56
C Cúbica Arquitectos
Ciudad de México, 2023
Postuló Submitted by:
Arq. Marco Coello Buck

Centro Cultural Aduana San Blas
Colectivo C733
San Blas, Nayarit, 2023
Postuló Submitted by:
Arq. Gabriela Carrillo Valadéz

Oficinas Xochimilco Colegio Alemán
Nuño Mac Gregor y de Buen Aros
Ciudad de México, 2022
Postuló Submitted by:
Arq. Clara De Buen Richkarday

Remodelación o reconversión de casas | House remodeling or conversions

Casa Roja
C Cúbica Arquitectos
Ciudad de México, 2023
Postuló Submitted by:
Arq. Marco Coello Buck

ARCO
Worc Studio
Ciudad de México, 2022
Postuló Submitted by:
Arq. Raúl Ricardo Martínez Sánchez

Diseño de interiores e integración plástica | Interior design and integration of visual arts

Ticuí
JSa
Madrid, España, 2023
Postuló Submitted by:
Arq. Javier Sánchez Corral

Avelino y María Dos Encuentros
MATERIA
Mérida, Yucatán, 2022
Postuló Submitted by:
Arq. Gustavo Carmona Muñoz

Departamento Pacífico
Atemporal S.A. de C.V.
Acapulco, Guerrero, 2023
Postuló Submitted by:
Arq. Cristina Paola Grappin Flores

Ninyas

IUA Ignacio Urquiza Arquitectos + apda
Ciudad de México, 2023
Postuló Submitted by:
Arq. Ignacio Urquiza Seoane

Casa Paladar

IUA Ignacio Urquiza Arquitectos + apda
Ciudad de México, 2021
Postuló Submitted by:
Arq. Ignacio Urquiza Seoane

Maternal Colegio Aleman

Nuño Mac Gregor y de Buen Aros
Estado de México, 2023
Postuló Submitted by:
Arq. Clara De Buen Richkarday

Casa Patios

Ricardo Yslas Gamez
Ciudad de México, 2023
Postuló Submitted by:
Arq. Ricardo Yslas Gámez

Ostería del Becco

Sama Arquitectos
Ciudad de México, 2021
Postuló Submitted by:
Arq. Rafael Sama

Material didáctico | Teaching materials

Diseño arquitectónico, jugando geometría

Mario Martínez Valdéz, 2022
Postuló Submitted by:
Arq. Mario Martínez Valdéz

Ensayos | Essays

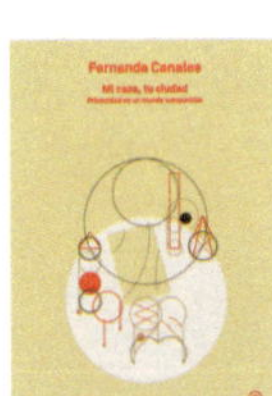

Mi casa, tu ciudad

Fernanda Canales, 2021
Postuló Submitted by:
Arq. Fernanda Canales

Memorias / compilaciones | Memoirs / compilations

Israel Katzman

Entrevistas | Imágenes de su archivo de arquitectura mexicana del siglo XIX

Alejandro Aguilera y Mariana Aguilera, 2022

Postuló Submitted by:

Arq. Alejandro Aguilera González

Historia del Barrio Universitario Moderno del Pedregal

De la centralidad a la dispersión, 1952-1976

Alejandro Leal, Keila Escamilla, David Morales y Erick Montes, UNAM, 2022

Postuló Submitted by: Arq. Lorenzo Rocha Cito

Arquitectura para la salud en México

Tomo I

María Lilia González Servín

UNAM, 2022

Postuló Submitted by:

Arq. Lorenzo Rocha Cito

Acalli Aotli: Camino de agua

Memorias de Canal Nacional

Marco Coello

Semana del Diseño, 2022

Postuló Submitted by:

Arq. Marco Coello Buck

Monografías | Monographs

Ciudad Independencia

Rodrigo Durán, Felipe Orensanz

fo-rd, 2021

Postuló Submitted by:

Arq. Felipe Orensanz Escofet

Salvador Ortega Flores: Intimidad abierta

Louise Noelle Gras y Carlos Ortega Guerrero, coordinadores

UNAM, 2022

Postuló **Submitted by:**

Arq. Lorenzo Rocha Cito

Memorias del Alma - Memoria de investigación de la exposición

Brenda Álvarez López, Daniela García Cruz, Ana Laura García Zavala e Irma Yolanda Galicia

Galiarquitectos, 2020

Postuló Submitted by: Arq. Irma Yolanda Galicia Cruz

Periódicas / investigaciones | Journal publications / research

Arte y cultura junto a los hospitales
Los centros de seguridad social del IMSS en el gobierno de Adolfo López Mateos

Enrique Xavier de Anda Alanís, 2023
Postuló Submitted by: Arq. Enrique Xavier De Anda Alanís

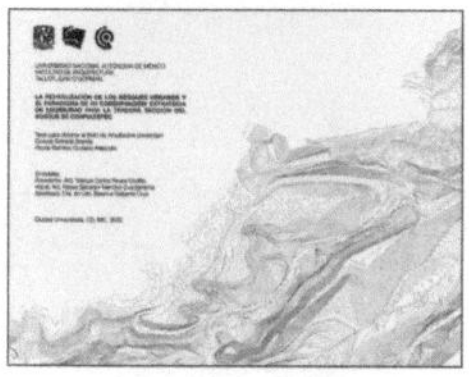

La revitalización de los bosques urbanos y el paradigma de su conservación
Estrategia de legibilidad para la tercera sección del bosque de Chapultepec

Brenda Cuevas Estrada y Alejandro Reyes Ramírez, 2022
Postuló Submitted by: Arq. Brenda Cuevas Estrada

Transformación urbana

Sordo Madaleno Arquitectos, 2022
Postuló Submitted by:
Arq. Javier Sordo Madaleno Bringas

Proyectos terminales | End-of-course projects

Mazatlán Moderno

José Alberto Poot Parra, Alejandro Aguilera González y Daniela Díaz Blancarte - asesores
Postuló Submitted by: Arq. José Alberto Poot Parra

Tesis de licenciatura, maestría, doctorado | Undergraduate, master's and PhD theses

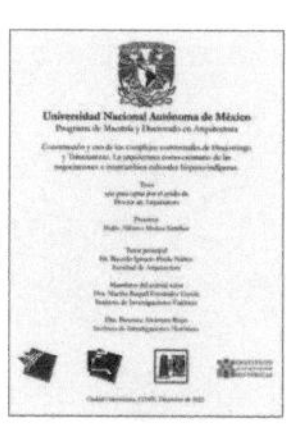

Construcción y uso de los complejos conventuales de Huejotzingo y Tzintzuntzan

Pedro Alfonso Muñoz Sánchez, 2022
Postuló Submitted by:
Arq. Pedro Alfonso Muñoz Sánchez

UTOPÍAS Iztapalapa,
¿Paradigma de justicia espacial y derecho a la ciudad?

Itzel Julieta Fuentes Morales
AxF Arquitectura y Urbanismo, 2022
Postuló Submitted by:
Arq. Itzel Julieta Fuentes Morales

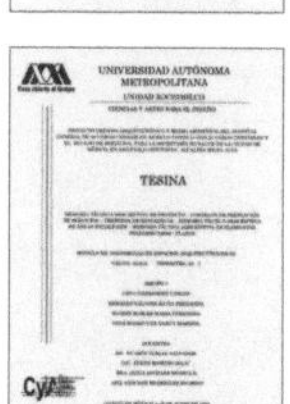

Proyecto Urbano-Arquitectónico y medio ambiental del hospital general
Para la secretaría de salud de la Ciudad de México

Carlos Cota Hernández, Katia Fernanda Morales Valadez, Fernanda Maria Robles Suárez, Marisol Nancy Vega Rodríguez
UAM Xochimilco, 2023
Postuló Submitted by: Arq. Carlos Cota Hernández

Para consultar información adicional sobre la Bienal y sus ganadores, escanea el código.

For additional information about the Biennial and its winners, scan the code.

Este libro se terminó de imprimir y encuadernar en octubre de 2024 en Impresos Vacha, en la Ciudad de México. Para su composición se usaron fuentes tipográficas Fira Sans, diseñada por Carrois Apostrophe y Montserrat, diseñada por Julieta Ulanovsky, Sol Matas, Juan Pablo del Peral y Jacques Le Baillya. Fue impreso en papel Bond de 120g. El tiraje consta de 1,000 ejemplares.

This book was printed and bound in October 2024 by Impresos Vacha, in Mexico City. Typefaces Fira Sans designed by Carrois Apostrophe and Montserrat designed by Julieta Ulanovsky, Sol Matas, Juan Pablo del Peral and Jacques Le Baillya were used. It was printed on 120g Bond paper. The print run consists of 1,000 copies.